Tag

1

Frühstück mit der Familie

Für mich ist es wichtig, den Tag mit einer gewissen Ruhe anzugehen. Denn ich bin überzeugt: Wie der Tag beginnt, so bleibt auch dessen Verlauf. Deshalb dusche ich nicht morgens, sondern nehme wenn möglich ein gemütliches Bad. Anschließend decke ich den Tisch mit einer Vielfalt von Speisen, die eher sättigend sind, denn keiner soll schon am Vormittag unter Heißhungerattacken leiden. Es gibt Israelischen Salat, den mein Mann Samy zubereitet, Labane, Avocado, Hummus und andere Aufstriche – aber auch Süßes wie Marmelade und manchmal sogar einen Orangenkuchen. Frühstück ist für mich ein wichtiger Moment der Kommunikation, denn wann kommt man schon als Familie zusammen – in der Früh und abends!

NENI Haya Molcho

BALAGAN!

Rezepte aus der
orientalischen Küche

Text: Michaela Ernst
Bild: Peter M. Mayr
Design: Doris Pesendorfer

südwest

Es gibt viele Anekdoten darüber, woher der Begriff „Balagan" stammen könnte. In jedem Fall ist er weit gereist, und in einem sind sich alle Interpretationen des Wortes einig: Es wird immer als positives Durcheinander gedeutet, in dem die menschliche Freiheit zum Ausdruck kommt. Meine Familie bezeichnet mich liebevoll als „Balaganistin": Ich bin genauso energiegeladen, spontan, schnell und ständig in Bewegung. Meine Wurzeln liegen in Israel, heute lebe ich in Wien, zahlreiche Reisen und enge Verbindungen zur weit verstreuten Familie, zu Freunden und zu fremden Ländern unterstreichen mein Nomadendasein.

Ich verbinde die gewürzreiche orientalische Küche mit europäischen Einflüssen, es gibt zu jeder Mahlzeit eine reichliche Auswahl an unterschiedlichen Speisen, ich kombiniere Süßes und Salziges, Warmes und Kaltes – Drunter & Drüber, wie ich es liebe! Zu einem stimmungsvollen Essen gehören für mich deshalb unbedingt „Mezze". Das sind nahöstliche Vorspeisen, die aus vielen kleinen Köstlichkeiten bestehen. Zu den beliebtesten zählen orientalisches Kichererbsenpüree, besser bekannt als „Hummus", die Sesampaste „Tahina" oder der Frischkäse „Labane". All diese Gerichte sind extrem gesund, sie sind Energy-Booster an einem langen Arbeitstag und ideale Begleiter zu vielen Fleisch- und Gemüsespeisen.

Rezepte
Lust auf orientalisch!

Drunter & Drüber: Fleisch & Fisch

Drunter & Drüber: Vegetarisch

Süße Kindheitserinnerungen: Desserts & Drinks

Die Rezepte:

Verschiedene Generationen haben gemeinsam mit mir eine Woche gekocht, gelacht und das Leben gefeiert. Dabei haben sich Familie und Freunde, Alt und Jung immer wieder am reich gedeckten Tisch zusammengefunden: Kleine Snacks und große Gerichte, flüssige und feste Zutaten, süße und salzige Speisen wurden fröhlich kombiniert – Balagan am Tisch und auf dem Teller!

Shakshuka

Samy fragt mich manchmal, woran ich eher denken würde, wenn heute mein Leben vorbei wäre: „Ich habe noch Hunger auf vieles mehr" oder „Ich bin zufrieden"? Ich antworte ihm dann immer: Ich würde natürlich an beides denken! Ich liebe mein Leben, habe wunderbare Erlebnisse gehabt, bin aber immer noch neugierig und freue mich auf jeden neuen Tag!

Marokkanische Palatschinken mit Toffeesauce

HAYAS TIPP: Diese Palatschinken werden nach traditionell marokkanischer Art mit Hefe gebacken. Man kann sie süß, aber auch würzig mit Labane oder Käse kombinieren. Auch die Auberginenkonfitüre (siehe Seite 75) schmeckt gut dazu.

Eggs Benedict
mit Polenta und Spinat

Orangen-
Mandel-
Kuchen

Spinatpalatschinken
mit Labanefüllung

Balagan auf dem Teller

Eine ausgewogene Küche beinhaltet aus meiner Sicht
stets mehrere Elemente: Sie ist niemals nur scharf oder
nur süß oder nur salzig, sondern meistens ein bisschen
von allem. Deshalb karamellisiere ich sehr oft meine
Gerichte – etwa die Auberginen, weil sich dadurch ihr
Geschmack verstärkt, oder die Hühnerhaut, damit sie
extra-knusprig wird. Nicht umsonst haben die Inder ihre
Chutneys erfunden: Ist etwas zu scharf, fügen sie die
süße Note hinzu; schmeckt eine Speise zu mild,
verschärfen sie diese mit einem Hot-Chutney.

Gemüsefrittata mit Schafskäse

Crostini mit Avocadocreme und getrockneten Tomaten

HAYAS TIPP: Die getrockneten Tomaten schmecken selbst gemacht viel besser, als wenn man sie kauft. Wie man sie zubereitet, erfahren Sie im Tipp auf Seite 29.

Mein Sohn Nadiv hat in Los Angeles Schauspiel studiert, lebt auch weiter dort und kommt regelmäßig nach Österreich auf Besuch. Lustig bei der Entstehung dieses Buches war, dass Nadiv in Marokko einen Film drehte – und zwar ausgerechnet zu dem Zeitpunkt, zu dem wir ebenfalls in Marokko weilten, um die „Balagan"-Rezepte zu fotografieren! Die Geschichte seines Films: Ein Wiener lernt eine Israelin, die als Sous-Chefin in einem Restaurant arbeitet, kennen und verliebt sich in sie. Diese Sous-Chefin wurde von seiner Freundin Aya gespielt. Sie nutzte die Gelegenheit gleich und lernte während unserer Buchproduktion und ihrem Filmdreh bei mir, wie ich koche.

Spinatmuffins
mit Frühlingszwiebel

Shabbat-Brot
(Jüdischer Striezel)

Asiatische
Maispuffer

Kräuterfrittata

mit Berberitzen und Safran

1 Shakshuka S. 10

Für 4 Portionen

je 1	rote und gelbe Paprikaschote
2	Zwiebeln
3	Knoblauchzehen
	Olivenöl zum Braten
400 g	geschälte Tomaten (alternativ 1 Dose)
1 EL	Tomatenmark
1	rote Chilischote
1 Handvoll	Petersilienblätter
½ TL	Raz el hanout (arabische Gewürzmischung)
	Meersalz
	frisch gemahlener schwarzer Pfeffer
4	Eier

Paprika waschen, putzen und in grobe Würfel schneiden. Zwiebeln und Knoblauch abziehen und fein hacken.

Paprika, Zwiebeln und Knoblauch in Olivenöl anrösten, bis alles weich gedünstet ist. Die geschälten Tomaten und das Tomatenmark hinzufügen und alles 5 Minuten köcheln lassen.

Chili längs halbieren, entkernen und die Schote klein schneiden. Petersilie waschen, trockenschwenken und klein schneiden. Wenig Petersilie für die Dekoration zurücklegen.

Chili, Petersilie und Raz el hanout zur Tomaten-Paprika-Mischung geben. Mischen und mit Salz und Pfeffer würzen.

Das Ragout in eine gusseiserne Pfanne schütten, die Eier vorsichtig darüber aufschlagen, sodass sie wie Spiegeleier auf dem Gemüsebett liegen. Zudecken und bei kleiner Flamme nachbrutzeln lassen, bis die Eier fertig sind. Mit frischer Petersilie dekorieren.

HAYAS TIPP: Shakshuka ist ein typisches Balagan-Rezept: Man kann es ganz einfach abwandeln, es gibt keine strengen Vorgaben. Gut passen auch Zucchini oder rote Zwiebeln, zusätzliche Würze geben frische Kräuter, entweder Petersilie oder Koriander, je nachdem wie man es gerne mag. Anstelle von Raz el hanout kann man auch Kreuzkümmel verwenden.

Marokkanische Palatschinken mit Toffeesauce S. 14

Für 8 Portionen

Für die Palatschinken:

1 kg	Weizenmehl
30 g	frische Hefe
1 TL	Salz

Für die Toffeesauce:

250 g	Zucker
50 g	Butter
200 g	Sahne

Das Mehl in eine große Schüssel sieben. Die Hefe in etwas lauwarmem Wasser auflösen, dann mit dem Salz zum Mehl geben. Mit den Händen kneten, nach und nach lauwarmes Wasser (ca. 250 Milliliter) zugeben und alles gut verkneten. Der Teig muss weich bleiben.

Anschließend eine Kugel aus dem Teig formen, diese auf ca. 1 Zentimeter Dicke flachdrücken, sodass man ein rundes, flaches Brot erhält. Den Teig mit einem Tuch abdecken und 15 bis 20 Minuten gehen lassen. Er verdreifacht in etwa sein Volumen.

Eine beschichtete Pfanne erhitzen. Den Teig in 8 Portionen teilen, jeweils zu flachen Fladen formen und portionsweise ausbacken. Anschließend nach Wunsch im Ofen warmhalten.

Für die Toffeesauce Zucker und 200 Milliliter Wasser in einem Topf aufkochen, bei mittlerer Hitze unter ständigem Rühren köcheln lassen, bis die Sauce eine leicht bräunliche Farbe annimmt. Dann die Butter darin langsam schmelzen lassen, die Sahne zugeben und alles kurz durchköcheln. Anschließend abkühlen lassen. Toffeesauce zu den Palatschinken servieren.

Eggs Benedict mit Polenta und Spinat

S. 15

Für 4 Portionen

1 Portion	weiche Polenta (Grundrezept, siehe Seite 168)
	Butter für das Blech und zum Braten
1 TL	Essig
4	Eier
600 g	Spinatblätter
1	rote Chilischote
	Meersalz
	frisch gemahlener schwarzer Pfeffer
2 EL	getrocknete Cranberrys
250 g	Ricotta
2-3 EL	Olivenöl

Backofen auf 180 °C vorheizen.

Polenta nach Grundrezept zubereiten (siehe Seite 168). Ein Backblech ausbuttern. Die weiche Polenta in einer Größe von 20 x 30 Zentimeter aufstreichen. Im Ofen ca. 20 Minuten backen, bis die Polenta eine goldene Farbe annimmt.

Einen Topf mit Wasser zum Kochen bringen. Den Essig hineingeben und mit einer Gabel verrühren. Die Eier aufschlagen und nacheinander von einem Esslöffel langsam in das Wasser gleiten lassen. 3 Minuten kochen. Die Eier mit der Schaumkelle aus dem Wasser heben und auf Küchenpapier legen.

Spinat waschen und putzen. Gründlich trockenschwenken. Chilischote waschen und in Ringe schneiden, nach Wunsch die Kerne entfernen. In einem Topf etwas Butter erhitzen. Spinat hinzufügen, salzen, pfeffern und 3 Minuten dünsten. Cranberrys und Chiliringe zufügen.

Polenta in 4 Stücke schneiden. Etwas Butter in einer Pfanne erhitzen und darin die Polentastücke 2 bis 3 Minuten auf beiden Seiten anbraten. Man kann die Polenta aber auch cremig, also nicht angebraten, verwenden.

Die Polenta(-stücke) auf Teller verteilen. Etwas Spinat darauf gleichmäßig ausbreiten, einen Klecks Ricotta und obenauf das pochierte Ei legen. Salzen, pfeffern und mit ein paar Tropfen Olivenöl verzieren. Warm servieren.

Orangen-Mandel-Kuchen

S. 16

Für 12-16 Stücke (Springform Ø 26 cm)

3	mittelgroße Bioorangen
5	Eier
150 g	Zucker
½ Päckchen	Vanillezucker
250 g	geschälte gemahlene Mandeln
	Butter für die Form
10 g	frischer Ingwer
1	kleine Bioorange für die Deko
	Puderzucker zum Bestäuben

Backofen auf 170 °C vorheizen.

Orangen heiß waschen. 2 Orangen in einen Topf geben, mit heißem Wasser bedecken und bei mittlerer Hitze ganz weich kochen. Wenn die Orangen ganz weich gekocht sind, abgießen und im Mixer oder mit dem Mixstab pürieren. Die Schale der restlichen Orange abreiben.

Eier trennen. Eigelbe, Orangenmix und 100 Gramm Zucker und Vanillezucker 8 Minuten mit dem Handrührgerät aufschlagen. Eiweiß steif schlagen. Mandeln unter die Ei-Zucker-Mischung rühren, zuletzt das steife Eiweiß unterheben.

Eine runde Backform einfetten. Den Teig in der Form verteilen und den Kuchen 35 bis 40 Minuten im heißen Ofen backen.

In einer Pfanne 50 Gramm Zucker mit 50 Milliliter Wasser aufkochen. Ingwer schälen, fein hacken oder reiben und zugeben. Die Orange heiß waschen, trocknen, in dünne Scheiben schneiden und in die Pfanne geben. Kurz aufkochen. Den Kuchen mit den Orangenscheiben belegen, mit dem restlichen Sirup beträufeln und mit Puderzucker bestäuben.

Spinatpalatschinken mit Labanefüllung

S. 17

Für 4 Portionen

75 g	TK-Spinat
3	Eier
¼ l	Milch
100 g	Mehl
	Salz
	frisch gemahlener schwarzer Pfeffer
	Butter zum Ausbacken
	Labane zum Füllen (Rezept siehe Seite 46)

Spinat auftauen und anschließend fein hacken. Mit den Eiern und der Milch im Mixer oder mit dem Stabmixer pürieren. Mehl mit dem Schneebesen gut unterrühren. Mit Salz und Pfeffer würzen.

In einer Pfanne wenig Butter erhitzen, jeweils eine kleine Schöpfkelle voll Teig eingießen und kleine Pfannkuchen ausbacken.

Die Palatschinken ganz einfach auf einem Teller stapeln und mit einer Schüssel Labane auf den Tisch stellen. Die Palatschinken mit dem Labane bestreichen, einrollen und direkt aus der Hand essen.

HAYAS TIPP: Bei diesem Rezept kombiniere ich das typisch österreichische Gericht „Palatschinken" – eine Art hauchdünne Pfannkuchen – mit orientalischem Labane. So wachsen bei mir zwei kulinarische Welten zusammen. Übrigens wird der Teig etwas cremiger, wenn man nur 200 Milliliter Milch verwendet und dafür zusätzlich 50 Gramm Ziegenfrischkäse untermischt. Zusätzlich zum Labane fülle ich die Palatschinken gerne mit Oliven und (getrockneten) Tomaten.

Gemüsefrittata mit Schafskäse

S. 19

Für 8 Portionen

1	Zwiebel
2	Knoblauchzehen
je 1	rote, grüne und gelbe Paprikaschote
1	Tomate
1	kleine rote Chilischote
2 EL	Olivenöl
1 Handvoll	Selleriegrün
2 EL	geröstete Pinienkerne
	Meersalz
	frisch gemahlener schwarzer Pfeffer
10	Eier
70 g	Schafs- oder Ziegenkäse
1 EL	Kreuzkümmelsamen

Backofen auf 180 °C vorheizen.

Zwiebel und Knoblauch abziehen und hacken. Paprikaschoten waschen, putzen und in Würfel schneiden. Tomate waschen und würfeln. Chilischote waschen, längs halbieren, bei Bedarf die Kerne entfernen und die Schote fein würfeln.

Das Öl in einer ofenfesten Pfanne erhitzen und darin Zwiebel und Knoblauch bei mittlerer Hitze 5 Minuten anbraten. Paprika, Tomate und Chili zugeben. Alles anbraten. Selleriegrün waschen, klein schneiden und mit den Pinienkernen kurz unterrühren.

Das Ganze mit Salz und Pfeffer würzen. Die überschüssige Flüssigkeit abgießen. Eier verquirlen und mit Salz und Pfeffer würzen. Die Masse in die Pfanne füllen, Käse darüberbröckeln und Kreuzkümmelsamen darüberstreuen. Die Gemüsefrittata 20 Minuten im heißen Ofen backen. Heiß oder lauwarm servieren.

Crostini mit Avocadocreme und getrockneten Tomaten

S. 21

Für 4 Portionen

12 Scheiben	Baguettebrot (ca. 1 cm dick geschnitten)
	Olivenöl
1 Bund	Basilikum
1	Knoblauchzehe
	Meersalz
	frisch gemahlener schwarzer Pfeffer
1	Avocado
1 EL	Zitronensaft
½ TL	abgeriebene Zitronenschale
1 EL	getrocknete Tomaten

Backofen auf 180 °C vorheizen.

Baguettescheiben mit Olivenöl bepinseln und im heißen Ofen knusprig backen.

In der Zwischenzeit das Basilikum waschen, trockenschütteln und zupfen. Knoblauch abziehen. Basilikum mit Knoblauch, etwas Salz und Pfeffer im Mixer oder mit dem Stabmixer pürieren. Avocado halbieren, Kern entfernen und das Fruchtfleisch aus der Schale lösen. Avocadofruchtfleisch mit Zitronensaft und -schale zur Basilikummischung geben. Die Creme glatt pürieren.

Die getrockneten Tomaten bei Bedarf in dünne Streifen schneiden. Die Creme auf die Baguettescheiben streichen und jede Scheibe mit ein paar getrockneten Tomaten garnieren.

—
HAYAS TIPP: Kirschtomaten halbieren und mit der Schnittfläche nach unten auf einem Blech auflegen. Die Tomaten mit Olivenöl bestreichen. Eine Knoblauchzehe abziehen und in Scheiben schneiden. Die Tomaten mit Knoblauch, etwas Salz, Pfeffer und 1 Prise Zucker würzen. Auch frische Thymian-, Rosmarin- oder Majoranzweige verleihen den Tomaten ein tolles Aroma. Im Ofen bei 150 °C 2 bis 3 Stunden trocknen.

Spinatmuffins mit Frühlingszwiebel

S. 22

Für 16 Muffins

100 g	TK-Spinat
4	Eier
20 g	Zucker
50 g	Butter
1 Prise	Salz
150 g	Mehl
2 g	Backpulver
1	Frühlingszwiebel
	Butter für die Form

Backofen auf 170 °C vorheizen.

Spinat auftauen. Eier trennen. Eiweiß mit dem Zucker steif schlagen. Butter schmelzen. Butter, Eigelbe, Spinat und Salz im Mixer oder mit dem Stabmixer pürieren.

Mehl und Backpulver mischen. Zu der Butter-Eier-Masse geben und verrühren, bis eine homogene Masse entsteht. Eiweiß unterheben.

Frühlingszwiebel waschen, putzen und in feine Ringe schneiden. Unter den Teig mischen.

Die Vertiefungen eines Muffinblechs ausbuttern. Den Teig in einen Spritzbeutel füllen und dreiviertelhoch in die Vertiefungen spritzen. Die Muffins 15 Minuten im heißen Ofen backen und warm oder lauwarm servieren.

—
HAYAS TIPP: Die Muffins schmecken auch sehr fein mit 1 Esslöffel Tapenade. Anstatt der Frühlingszwiebel (oder durchaus auch zuzüglich!) kann man 1 Esslöffel entkernte Kalamata-Oliven verwenden.

Shabbat-Brot (Jüdischer Striezel)

S. 23

Für 1 Striezel

500 g	Weizenmehl
21 g	frische Hefe (½ Würfel)
1 EL	Zucker
70 ml	Olivenöl (alternativ Sonnenblumenöl)
1	Eigelb
1 TL	Salz
2 EL	heller Sesam

Mehl, Hefe und Zucker in eine Rührmaschine geben, dann langsam Öl und ¼ Liter lauwarmes Wasser zugeben. Eigelb und Salz unterarbeiten. Das Ganze vermengen, bis eine homogene Masse entsteht. Teig abgedeckt an einem warmen Ort ziehen lassen.

Den Teig in drei gleich große Stücke teilen und diese zu langen Strängen/Rollen formen. Auf einer Arbeitsplatte nebeneinander legen und einen Zopf flechten. Mit Sesam bestreuen und auf ein mit Backpapier ausgelegtes Blech legen.

Den Striezel bei 170 °C Umluft in 30 bis 35 Minuten leicht goldbraun backen.

Kräuterfrittata mit Berberitzen und Safran

S. 25

Für 8 Portionen

3 Bund	frische Kräuter (z.B. Minze, Petersilie, Schnittlauch)
10	Eier
5	Safranfäden
20 g	Berberitzen
	Meersalz
	frisch gemahlener schwarzer Pfeffer
	Butter für die Pfanne

Backofen auf 180 °C vorheizen.

Kräuter waschen, trockenschwenken und fein hacken. Eier verquirlen, Kräuter, Safran und Berberitzen unterrühren. Das Ganze mit Salz und Pfeffer würzen.

Eine ofenfeste Pfanne mit Butter ausstreichen, auf den Herd stellen, erhitzen und die Masse hineinfüllen. Das Ganze kurz anbraten, dann die Kräuterfrittata 20 Minuten im heißen Ofen backen. Heiß oder lauwarm servieren.

Asiatische Maispuffer

S. 24

Für ca. 10 Puffer

400 g	Maiskörner (aus der Dose, frisch vom Kolben oder TK-Ware)
½ Bund	Koriander
3 EL	Reismehl
1 TL	gelbe Currypaste
1 EL	Soja- oder Fischsauce
	Maismehl zum Panieren, Öl zum Braten

2/3 der Maiskörner im Mixer oder mit dem Stabmixer pürieren. Koriander waschen, trockenschwenken und klein schneiden. Pürierten Mais und Maiskörner mit Reismehl, Currypaste, Soja- oder Fischsauce und Koriander vermischen. Aus dem Teig kleine Puffer formen, in Maismehl wenden und anschließend ca. 30 Minuten im Kühlschrank ruhen lassen. Dann die Puffer in einer Pfanne mit heißem Öl braten, anschließend auf Küchenpapier abtropfen lassen.

HAYAS TIPP: Die Puffer schmecken warm oder kalt. Dadurch haben sie den Vorteil, dass man sie nicht à la Minute ausbacken muss, sondern auch vorbereiten kann. Am besten serviert man sie mit Sweet-Chili-Sauce und Salat. Dazu passt ein einfacher Dip aus Joghurt, gewürzt mit Salz, Pfeffer, Zitronensaft und etwas Petersilie.

Notizen

Tag

2

Der Tag beginnt
salzig.

Bleibt die Labanemasse länger als drei Tage in den Mulltüchern hängen, wird der Käse mit der Zeit noch fester. Ich forme dann daraus kleine Kugeln und wälze diese in Zatar (arabische Gewürzmischung), gemahlenen Nüssen oder einer Pfefferkorn-Sesam-Mischung (siehe Rezept Seite 46). Anschließend lege ich die Frischkäsebällchen in Olivenöl ein, so bleiben sie länger haltbar. Labanekugeln sind jedenfalls ein wunderbarer Snack!

Auf Seite 46 erfahren Sie, wie Sie Labane auch zu Hause herstellen können.

Ursprünglich wurde Labane aus der Milch von Ziegen, Schafen oder Kamelen hergestellt. Denn er war eines der wichtigsten Grundnahrungsmittel für die Beduinenvölker auf der Arabischen Halbinsel. Auch heute noch ist er der meistverbreitete Frischkäse in Israel – bloß erfolgt die Zubereitung mittlerweile wesentlich einfacher als in vergangenen Zeiten. Er wird auf Basis von Joghurt hergestellt, wobei es egal ist, ob man Kuh-, Ziegen- oder Schafsmilchjoghurt verwendet.

Ich persönlich nehme am liebsten griechisches oder türkisches Joghurt, weil dieses besonders sämig ist.

Labane

Eingelegte Labanekugeln

Frittierte Artischocken mit Labane

Auberginen-Paprika-Dip

Dieses Rezept stammt von meiner Tante Zucka, die ich liebe und der ich diese Speise verdanke. Zucka sorgte immer für den Familienzusammenhalt in Israel, denn am Shabbat fanden sich immer alle bei ihr ein. Heute pflegt ihre Tochter Shevy diese Tradition weiter, was mich sehr freut. Auch wenn mein Mann Samy, meine Söhne und ich in Tel Aviv sind, gilt es als ungeschriebenes Gesetz, dass wir den Shabbat bei Shevy verbringen. Sie serviert dann unter anderem diesen Dip, den wir auch immer von Tante Zucka zubereitet bekamen. Es gab immer Chulend, ein jüdisches Eintopfgericht, und diesen Dip – diese Kombination war für uns so unzertrennlich miteinander verbunden wie für andere der Kartoffel-salat zum Wiener Schnitzel.

Artischockensuppe
mit Salzzitrone

Artischocken sind frostempfindlich, werden aber in südlichen Ländern als besonders robustes Gewächs geschätzt. Kein Wunder, dass sie in Israels Küchen stark verbreitet sind. Artischocken sind wahnsinnig gesund, sie gelten sogar als Heilmittel: Man sagt ihnen eine cholesterinsenkende und verdauungsfördernde Wirkung zu. Außerdem sollen sie Arteriosklerose vorbeugen. Ich koche sie gern, weil sie mir schmecken und weil sie, wenn man sie im Ganzen serviert, für Geselligkeit sorgen. Sie sind ein Gericht, bei dem jeder zulangen kann!

Spinat-Malven-Suppe

Nana-Tee

Für 8 Gläser: 3 Bund frische Minze

1 Liter Wasser aufkochen. Minze waschen, trockenschwenken und auf 8 Gläser verteilen. Jeweils mit heißem Wasser übergießen.

HAYAS TIPP: Das gemeinsame Teetrinken mit Freunden oder der Familie gehört im orientalischen Raum zu den wichtigsten Ritualen. Es ist ein Zeichen von Gastfreundschaft und Kommunikationsfreude – mich würde nicht wundern, wenn das die Gründe sind, warum der Tee auch immer so süß getrunken wird. Wer es also möglichst authentisch mag, sollte den Tee, den man zu jeder Tages- und Nachtzeit und zu jedem Anlass servieren kann, mit Zucker oder Honig süßen.

Gefüllte Auberginen nach türkischer Art

Zu den gefüllten Auberginen passt prima ein Israelischer Salat (siehe Seite 94). Nachdem ich es gern scharf mag, serviere ich oft mein selbst gemachtes Zhug (Koriander-Chili-Pesto, siehe Seite 73) dazu.

Knoblauchconfit

**HAYAS
⎯TIPP**: Das Knoblauchconfit ist auch ein schönes Geschenk für Freunde. Damit es besonders hübsch aussieht und noch aromatischer wird, gebe ich Kräuter und/oder Chilischoten mit ins Glas.

2 Labane (Grundrezept)

S. 36

Für 4 Portionen

1 kg	Naturjoghurt	
	(aus Schafs-, Ziegen- oder Kuhmilch)	
1	Mulltuch	

Joghurt in eine Schüssel geben. Das Mulltuch über einem großen flachen Teller ausbreiten. Den Joghurt daraufgeben und das Tuch zur Mitte hin zusammenfalten, oben zubinden.

Das Tuch entweder an einem kühlen Ort im Freien aufhängen oder im Kühlschrank über einem Sieb aufspannen. Mindestens 1 Tag hängen lassen.

HAYAS TIPP: Labane kann ganz nach Geschmack gewürzt und kombiniert werden, z.B. mit Olivenöl und Sesam oder aber süß mit Konfitüre und Obst. Anstelle eines Mulltuches verwende ich eine klassische Stoff-Kinderwindel – immerhin erhält man diese in nahezu jedem Drogeriemarkt. Außerdem ist sie nicht so dicht gewebt wie andere Textilien, womit das überschüssige Wasser auch leichter abfließen kann.

Eingelegte Labanekugeln

S. 37

Für 4 Portionen

1 kg	Naturjoghurt	
	(aus Schafs-, Ziegen- oder Kuhmilch)	
1	Mulltuch	
2 EL	schwarzer Sesam	
2 EL	heller Sesam	
2 EL	Zatar (arabische Gewürzmischung)	
	Olivenöl zum Einlegen	

Joghurt in eine Schüssel geben. Das Mulltuch über einem großen flachen Teller ausbreiten. Den Joghurt daraufgeben und das Tuch zur Mitte hin zusammenfalten, oben zubinden.

Das Tuch entweder an einem kühlen Ort im Freien aufhängen oder im Kühlschrank über einem Sieb aufspannen. Mindestens 2 Tage hängen lassen, so wird der Labane sehr fest.

Anschließend mit nassen Händen aus der Labanemasse kleine Kugeln formen und diese entweder im schwarzen oder hellen Sesam oder Zatar wälzen. Die Kugeln in eine Auflaufform o. Ä. geben und in Olivenöl einlegen. Vor dem Servieren aus dem Öl nehmen und auf Tellern anrichten.

HAYAS TIPP: Die Labanekugeln halten in Öl eingelegt ca. 10 Tage im Kühlschrank. Man sollte sie immer ca. 2 Stunden vor dem Servieren aus dem Kühlschrank nehmen, damit sie Zimmertemperatur erlangen.

Man kann die Labanekugeln auch pur einlegen, also nicht in Kräutern wälzen. Dazu am besten getrocknete Tomaten und Oliven reichen.

Frittierte Artischocken mit Labane

S. 38

Für 4 Portionen

300 g	italienische Artischocken aus dem Glas
	Öl zum Frittieren
3	Knoblauchzehen
	Meersalz
3 EL	Petersilienblätter, gehackt
250 g	Labane

Artischocken abspülen und mit Küchenpapier trockentupfen. Die Artischocken vierteln.

Öl in einem Topf erhitzen und die Artischocken darin 1 Minute frittieren. Die Artischocken vorsichtig herausnehmen und zum Entfetten auf Küchenpapier legen.

Knoblauch abziehen und hacken. Artischocken salzen und mit Petersilie und Knoblauch mischen. Nach Wunsch auf einem Teller kreisförmig Labane verteilen und die Artischocken in die Mitte geben.

HAYAS TIPP: Natürlich kann man auch frische Artischocken verwenden, allerdings ist dies etwas aufwendig. Falls man keine frischen Jung-Artischocken am Markt bekommt (was in Deutschland oder Österreich teilweise der Fall sein kann), würde ich ca. 12 kleine Exemplare gute 20 bis 30 Minuten im Wasser kochen lassen. Wichtig ist, dass man die Randblätter leicht abziehen kann, um zum fruchtigen Herzstück vorzudringen. Aufpassen: Falls Artischockenhaare das Artischockenherz bedecken, müssen diese gut entfernt werden!
Anstelle von Labane kann man auch Hummus zu den Artischocken servieren.

Auberginen-Paprika-Dip

S. 39

Für 8 Dip-Portionen

6	rote Paprikaschoten
1	große Aubergine
1	Peperoncini
2	Knoblauchzehen
2 EL	Maisöl
	Meersalz
1 Handvoll	frische Petersilienblätter

Paprikaschoten und Aubergine grillen: entweder direkt auf dem Holzkohlengrill, im heißen Backofen auf Grillstufe oder auf der Gasflamme. Wenn die Schalen schwarz sind, Paprika und Aubergine in eine Plastiktüte geben, zubinden und abkühlen lassen.

Aubergine schälen, bis nur das Fruchtfleisch übrig bleibt. Die verkohlte Schale von den Paprika abziehen, die Paprikaschoten aufschneiden und die Kerne entfernen. Paprika und Aubergine durch den Fleischwolf drehen oder im Mixer pürieren.

Peperoncini waschen, putzen und klein schneiden. Knoblauch abziehen und pressen. Die Paprika-Auberginen-Masse in eine Schüssel geben und mit Peperoncini, Knoblauch, Öl und etwas Salz mischen. Abschmecken und mit den Petersilienblättern bestreut servieren.

HAYAS TIPP: Man kann den Dip auch ohne Aubergine zubereiten, dann einfach 1 bis 2 Paprikaschoten mehr verwenden. Die Rumänen geben etwas mehr Knoblauch und 1 Schuss neutralen Essig in den Dip. In Marokko mischt man gemahlenen Kreuzkümmel dazu.
Von Tante Zucka habe ich diesen tollen Trick gelernt, wie man die Paprikaschalen ganz leicht schälen kann: Die gerösteten Paprika gebe ich in einen Plastikbeutel, verschließe den Beutel und lasse sie darin abkühlen. So lässt sich die Schale nachher ganz leicht ablösen.
Mir schmeckt dieser Aufstrich übrigens besonders gut auf Graubrot, mit einem großen Salatblatt und einigen Scheiben Chorizo oder Salami darauf.

Artischockensuppe mit Salzzitrone

S. 40

Für 4-6 Portionen

2	mittelgroße Zwiebeln
4	Knoblauchzehen
500 g	Artischocken (Dose) oder frische Artischockenherzen
2 EL	Öl
	Saft von 1 Zitrone
100 ml	Weißwein
1¼ l	Hühnersuppe
½ Bund	Koriander
35 g	eingelegte Zitrone (Salzzitrone, siehe Seite 92)
	Salz
	frisch gemahlener schwarzer Pfeffer
100 g	Schlagsahne
2 EL	Crème fraîche
1½ EL	Misopaste
50 g	Butter
50 ml	Olivenöl

Zwiebeln und Knoblauch abziehen und hacken. Artischocken in ein Sieb abgießen und abtropfen lassen. In einem Topf das Öl erhitzen, Zwiebeln und Knoblauch darin unter Rühren anbraten. Artischocken zugeben und anbraten. Zitronensaft zugeben.

Das Gemüse mit Weißwein ablöschen und das Ganze kurz einkochen lassen. Mit Hühnersuppe aufgießen. Koriander waschen, trockenschwenken, klein schneiden und zugeben. Die eingelegte Zitrone klein schneiden und ebenfalls zugeben. Mit Salz und Pfeffer würzen.

Die Suppe 10 bis 15 Minuten kochen lassen, dann mit Sahne und Crème fraîche verfeinern. Misopaste unterrühren.

Butter mit dem Olivenöl erhitzen. In die Suppe geben und das Ganze mit dem Mixstab pürieren. Anschließend durch ein Sieb passieren.

Spinat-Malven-Suppe

S. 42

Für 4-6 Portionen

½ kg	frischer Spinat (alternativ TK-Spinat)
½ kg	wilde Malvenblätter
1	große Zwiebel
6	Knoblauchzehen
1 EL	Olivenöl
1 EL	Butter
1 l	Hühnersuppe
	Salz
	frisch gemahlener schwarzer Pfeffer
	Muskatnuss, frisch gerieben
1 TL	gemahlener Kreuzkümmel
1 EL	Aceto balsamico

Spinat und Malvenblätter waschen, trocknen und klein schneiden. In einen Topf geben, erhitzen und kurz zusammenfallen lassen.

Zwiebel und Knoblauch abziehen und hacken. Olivenöl und Butter der Spinat-Malven-Mischung beigeben und erhitzen. Zwiebel und Knoblauch darin anbraten. Mit Hühnersuppe ablöschen und aufkochen lassen. Mit Salz, Pfeffer, Muskatnuss, Kreuzkümmel und Aceto balsamico würzen.

Die Suppe im Mixer oder mit dem Stabmixer pürieren und heiß servieren.

HAYAS TIPP: Am besten verwendet man jüngere Malvenblätter, diese haben einen besonders intensiven Geschmack. Wer keine Malvenblätter bekommt, kann stattdessen auch nur Spinat verwenden.

Gefüllte Auberginen nach türkischer Art

S. 44

Für 4 Portionen

4	große Auberginen
	Öl zum Frittieren und Braten
2	Zwiebeln
300 g	Hackfleisch (halb Rind, halb Lamm)
½ TL	gemahlener Kreuzkümmel, Kurkuma, Curry-pulver, Baharat (arabische Gewürzmischung)

Für die Sauce:

1	Zwiebel
	Olivenöl zum Braten
100 g	Pinienkerne
100 ml	Weißwein
150 ml	Kokosmilch
20 g	Misopaste
300 ml	Hühnerbrühe (oder Wasser)
½	Chilischote
100 g	Kirschtomaten
	gemahlene Kurkuma, Zitronensaft
¼ TL	gemahlener Kreuzkümmel

Auberginen waschen und längs halbieren. Reichlich Öl in einem Topf erhitzen und die Auberginenhälften darin frittieren. Auberginen herausnehmen und zum Entfetten auf Küchenpapier legen. Abkühlen lassen.

Zwiebeln abziehen und klein schneiden. Öl in einem Topf erhitzen und die Zwiebeln mit dem Hackfleisch darin 20 Minuten anbraten. Mit Kreuzkümmel, Kurkuma, Currypulver und Baharat würzen.

Backofen auf 150 °C vorheizen.

Für die Sauce die Zwiebel abziehen, klein schneiden und in Olivenöl goldgelb anbraten. Die Pinienkerne hinzufügen, mit Weißwein ablöschen und kurz einko-chen lassen. Kokosmilch, Misopaste und Hühnerbrühe hinzufügen und zu einer sämigen Sauce kochen.

Die Chili längs halbieren, entkernen und die Schote klein schneiden. Kirschtomaten waschen, in kleine

Würfel schneiden und beigeben. Die Sauce anschließend mit Kurkuma, Zitronensaft, Kreuzkümmel und Chili würzen.

Die Auberginenhälften in eine feuerfeste Form legen und das Fleisch jeweils darauf verteilen. Die Sauce darübergeben, mit Alufolie zudecken und 30 Minuten bei 150 °C im heißen Ofen schmoren. Dann die Hitze auf 120 °C reduzieren und weitere 30 Minuten schmoren.

—

HAYAS TIPP: Anstelle der Kokosmilch-Kirschtomaten-Sauce kann man die Auberginen mit Tahina bestreichen – und sowohl als Warm- als auch als Kaltgericht servieren. Über die Tahina streue ich am Ende noch ein paar frische, grob gehackte Kräuter.

Knoblauch-confit

S. 45

Für 1 großes Einweckglas (1000 ml)

8	Thymianzweige
500 g	abgezogene Knoblauchzehen
750 ml	Olivenöl
2 EL	Dijon-Senfkörner
3	Lorbeerblätter
2 TL	Pimentkörner
1 EL	grobes Meersalz
	geschroteter Pfeffer

Backofen auf 150 °C vorheizen.

In einer feuerfesten Form Thymian, Knoblauchzehen, Olivenöl, Senfkörner, Lorbeerblätter, Pimentkörner, Salz und etwas Pfeffer mischen. Den Knoblauch im heißen Ofen 2 ½ Stunden schmoren.

Knoblauch samt Flüssigkeit und Gewürzen in ein Einweckglas füllen und verschließen. Das Knoblauch-confit hält sich 30 Tage im Kühlschrank.

—

HAYAS TIPP: In meinem Kühlschrank habe ich immer ein Glas mit Knoblauchconfit stehen. Wichtig ist, dass man es mit Olivenöl macht. Gerne verarbeite ich auch etwas Senf, damit es süß und gleichzeitig scharf schmeckt. Auch das Öl aus dem Confit trägt den vollen Geschmack der restlichen Zutaten und eignet sich daher fantastisch, um andere Gerichte zu würzen.

Tag

3

Kulinarisches Durcheinander mit Freunden: <u>Mezze und Süßes</u> – das ist eine Kombination, bei der jeder nach Lust und Laune zugreifen kann!

Meine Familie unterteilt sich in Balaganisten und Non-Balaganisten. Ich zum Beispiel lasse meine Sachen überall liegen. Bei mir herrscht ein ständiges Drunter & Drüber, ein Balagan, wie wir in Israel dazu sagen. Wenn man damit umgehen kann, ist das eine lustige Sache.

Für jemanden, der wie mein Mann Samy nach System arbeitet, ist das ein Albtraum. Mittlerweile kann ich ihn verstehen, denn Samy musste Zeit seines Lebens viel reisen. Wenn er nach Hause kam, war seine Ordnung seine Heimat.

Auch unsere Söhne Nuriel und Ilan sind sehr genau, Elior und Nadiv hingegen sehr kreativ. Heute ist Nuriel fürs Marketing bei „NENI" zuständig und Ilan für die Steuerangelegenheiten. Hätte ich die Buchhaltung gemacht, hätten wir längst keine Restaurants mehr! Elior ist für den Naschmarkt und das Personal zuständig – so hat jeder meiner drei Söhne, die im „NENI" mitarbeiten, seinen Bereich in der Firma.

Auf meinen Tischen aber darf Balagan passieren. Deshalb liebe ich Mezze (israelische Vorspeisenvariationen), wo sich jeder auf seinem Teller eigene Kompositionen und Mischungen arrangiert. Ich brauche dieses Drunter & Drüber, denn es bedeutet für mich Freiheit.

Hummus

Hummus zählt zu den Nationalspeisen in Israel (sowie im gesamtarabischen Raum), daher ist er auch aus meiner Küche nicht wegzudenken. Eine richtige orientalische Spezialität, die aus Kichererbsenpüree, etwas Tahina,

Zitronensaft und Gewürzen wie Knoblauch, Kreuzkümmel und Petersilie hergestellt wird. Ich serviere ihn nicht nur als Dip, sondern auch als Beilage für Fleisch, Fisch und Gemüse.

Wichtig ist, dass man beim Abmischen von Hummus die perfekte Konsistenz zusammenbringt: Er darf nicht zu breiig und nicht zu grob sein, sondern muss sich so richtig geschmeidig um die Geschmacksnerven schmieren!

Tahina ist eine Sesampaste und damit einer der wichtigsten Vitaminspender im orientalischen Raum (viel Vitamin B und Kalzium!). Sie wird, wie Sie anhand vieler meiner Rezepte merken, einerseits zur Veredelung vieler Speisen eingesetzt, andererseits gern als Dip gereicht.

HAYAS TIPP: Ich vermische sie gern mit Knoblauch, etwas Zitronensaft und fein gehackter Petersilie – das ergibt dann eine sogenannte Grüne Tahina, die sich auch als Beilage zu Fleisch oder Fisch hervorragend eignet.

Zhug

Spicy Tahina-Sauce

Gefüllte Minizucchini mit Zitronensauce

HAYAS TIPP: Natürlich kann man auch Zucchini in normaler Größe verwenden: Ich würde in so einem Fall zwei mittelgroße verwenden, diese längs halbieren, die Kerne entfernen und die Zucchinihälften mit der Füllung bestreichen. In eine Auflaufform geben und wie auf Seite 73 beschrieben fertig zubereiten.

Israelisches
Kichererbsen-
sandwich

57

Antiken Quellen zufolge stammt die „Eierfrucht", wie man sie aufgrund ihrer Form auch nennt, aus Asien. Über den arabischen Raum kam sie später nach Spanien und von dort aus eroberte sie den Rest der Welt. Ich mag Auberginen vor allem deshalb so gern, weil sie vielseitig und unkompliziert in der Verarbeitung sind. Allerdings eignen sie sich nicht zum rohen Verzehr, da sie, so wie wir sie in unseren Breitengraden kennen, selten ausgereift sind und daher über einen hohen Bitterstoffanteil verfügen.

HAYAS
TIPP: Deshalb muss man sie erst dünsten, braten, kochen, grillen – ich brenne sie sogar an! Was ich dann mit den angekohlten Auberginen vorhabe, erfahren Sie auf Seite 74.

Auberginensalat

Auberginenkonfitüre
mit Ingwer und Chili

Filoteigzigarren mit Spinat-Käse- oder Lamm-Rind-Füllung

HAYAS TIPP: Die Filoteigzigarren sind ein tolles orientalisches Fingerfood: Die Rezepte dazu finden Sie auf Seite 75 und 76.

Orientalischer Strudel

Reispudding mit Toffeesauce

Sahleb

Sahleb ist ein süßes, heiß getrunkenes und im Winter gern serviertes Milchgetränk, das vor allem in arabischen Ländern und der Türkei verbreitet ist. Ursprünglich stellt neben Milch und Zucker Sahlebpulver einen Bestandteil des Getränkes dar. Dieses wird aus wild wachsenden Orchideenwurzeln des Salepkrauts (Knabenkraut) gewonnen. Ich verwende es nicht, sondern stattdessen die besser erhältliche Mais- oder Weizenstärke.

Mandel-Dattel-Shake

Datteln sind Energiespender schlechthin. Sie enthalten Kalium, Magnesium, Phosphor, Spurenelemente wie Eisen sowie viel Vitamin A, B und C. Aufgrund ihres hohen Zuckergehalts sind sie lange haltbar – haben allerdings auch nicht gerade wenig Kalorien. Im orientalischen Raum gehören Datteln zu den wichtigsten Zuckerspendern. Bei meinen Rezepten arbeite ich vorwiegend mit Dattelsirup, den ich selbst zubereite (siehe Seite 150). Dieser wirkt cholesterinsenkend, stärkt das Immunsystem und wirkt Kalziumabbau entgegen.

Halbgefrorene Schokoladentorte

NENI & iSi

Meine Söhne Elior und Ilan lieben Halwa, das im deutschen Sprachraum besser als „Türkischer Honig" bekannt ist, seit ihrer frühesten Jugend. Deshalb habe ich mir immer wieder Kreationen rund um diese Süßspeise einfallen lassen. Zur Zubereitung des Halwaschaums (siehe Seite 78) verwende ich am liebsten eine iSi-Flasche. Erstens geht es schnell, zweitens verursacht es wenig Geschirraufwand. Und drittens arbeite ich gern mit Produkten, die einen ähnlichen Hintergrund haben wie die unsrigen: Auch iSi wird in einem Familienbetrieb hergestellt, auch bei iSi stehen Experimentierfreudigkeit und die Lust, Neues zu entdecken, an ganz oberer Stelle.

Deren Motto „Inspiring Food" würde ich jederzeit auch für meine Art zu kochen übernehmen. Es ist ja wirklich so: Die Arbeit mit einer iSi-Flasche weckt Neugier, man probiert, was man sonst noch alles damit zubereiten kann, man wird kreativ. Genau das will ich mit meiner Küche bei meinen Gästen auslösen: Meine Gerichte sollen Neugierde erzeugen – Offenheit für andere Länder und Kulturen.

Panna cotta mit Ziegenmilch und Dattelsirup

Mahalabi mit Pistazien

S. 51
S. 54

3 Hummus mit Koriander

Tag

Für 4 Portionen

200 g	Kichererbsen
½ TL	Natriumcarbonat
2 EL	Sesampaste (Tahina)
1 Prise	Zitronensäure
½ Bund	Koriander
1	Knoblauchzehe
1 TL	gemahlener Kreuzkümmel
	Salz
1–2 EL	Zitronensaft
2 EL	Olivenöl

Kichererbsen über Nacht in kaltem Wasser mit Natriumcarbonat einweichen. Am nächsten Tag abgießen, in einen Topf mit heißem Wasser geben und bei mittlerer Hitze weich kochen.

Kichererbsen abgießen, ein paar für die Dekoration beiseitelegen. Die Kichererbsen im Mixer oder mit dem Stabmixer pürieren. Dann Sesampaste und Zitronensäure unterrühren. ¼ Liter Wasser untermengen.

Koriander waschen, trockenschwenken und klein hacken. Knoblauch abziehen und hacken. Beides unter den Hummus rühren, mit Kreuzkümmel und wenig Salz würzen.

Die zurückgelegten Kichererbsen mit Zitronensaft und Olivenöl verrühren. Hummus auf einen Teller geben und mit den Kichererbsen dekorieren.

Spicy Tahina-Sauce

S. 55 (rechts)

Für 8 Dip-Portionen

250 g	Tahina
	Saft von 2 Zitronen
4	Knoblauchzehen
½ Bund	Koriander
2	rote Chilischoten
1	Peperoncini
	Öl zum Frittieren
75 g	Pinienkerne
2 EL	Olivenöl
	Meersalz

Tahina mit ⅛ Liter Wasser und Zitronensaft mischen und mit dem Pürierstab aufmixen.

Knoblauch abziehen und pressen. Koriander waschen, trockenschütteln, zupfen und die Blätter klein schneiden. Chilischoten waschen, längs halbieren, Kerne entfernen, die Schoten klein schneiden. Peperoncini kurz in Öl frittieren, herausnehmen, abkühlen lassen und klein schneiden.

Pinienkerne in einer Pfanne ohne Fett rösten. Herausnehmen.

In einer Pfanne Olivenöl erhitzen und den Knoblauch darin kurz anbraten. Koriander, Chili und Peperoncini dazugeben, kurz anbraten. Tahina-Mischung hinzufügen und erwärmen. Zum Schluss die Sauce mit Salz abschmecken und die Pinienkerne untermischen.

HAYAS TIPP: Wie stellt man fest, ob die im Handel erhältliche Tahina frisch ist? Ganz einfach: Sobald sich die Ölfraktion auf der Oberfläche der Tahina absetzt, ist sie nicht mehr frisch. Selbstverständlich kann man sie dennoch bedenkenlos essen. Ist die Tahina in einem Plastikbehälter verpackt, erkennt man nicht, ob sich das Öl oben abgesetzt hat. Dann einfach schütteln, und wenn es sich anhört wie eine flüssige Komponente und keine homogene träge Masse, bedeutet dies, dass sich die Masse der Tahina geteilt hat. Das Öl schwimmt oben und die feste Masse unten.

Zhug

S. 55 (links)

Für 8-10 Dip-Portionen

je 1 Bund	Petersilie und Koriander
1	kleine grüne Chilischote
4-6	Knoblauchzehen
⅛ l	Zitronensaft, frisch gepresst
½ TL	gemahlener Kreuzkümmel
100 ml	Olivenöl
	Salz
	frisch gemahlener schwarzer Pfeffer

Petersilie und Koriander waschen, trockenschwenken und grob hacken. Chilischote waschen, putzen und grob hacken. Knoblauch abziehen und grob hacken.

Kräuter, Chili, Knoblauch, Zitronensaft, Kreuzkümmel und Olivenöl mit dem Stabmixer pürieren. Mit Salz und Pfeffer würzen.

HAYAS TIPP: Zhug kann man als eine Art orientalisches Pesto beschreiben. Ich verwende es zum Verfeinern oder Abrunden von Speisen, reiche es aber auch gerne als Dip.

Gefüllte Minizucchini mit Zitronensauce

S. 56

Für 4 Portionen

8-12	(je nach Größe) Minizucchini
1 TL	Currypulver
1 TL	gemahlene Kurkuma
1 TL	gemahlener Kreuzkümmel
	frisch gemahlener schwarzer Pfeffer
1 TL	Koriandersamen
	Saft von 3 Zitronen
1	Chilischote
½ kg	Couscous
2 EL	geröstete Nüsse
	(oder karamellisierte Nüsse von S. 170/171)
2 EL	Olivenöl
2 EL	Koriandergrün, gehackt
2 EL	Minzeblätter, gehackt
8-12	getrocknete Tomaten
200 ml	Hühnerbrühe

Von den Minizucchini einen Deckel abschneiden und mit einem Melonenausstecher oder Teelöffel das Fruchtfleisch herauslösen. Fruchtfleisch beiseitelegen.

1 Liter Wasser mit allen Gewürzen, dem Saft von 1 Zitrone und der Chilischote aufkochen. Anschließend durch ein Sieb über den Couscous gießen. Couscous ca. 10 Minuten quellen lassen, dann mit den Händen gut durchmischen, sodass sich die einzelnen Körner gut trennen.

Nüsse hacken. Couscous mit Olivenöl, Koriandergrün und Minze sowie Nüssen mischen. Zucchini mit der Mischung füllen. Zuoberst jeweils 1 getrocknete Tomate auflegen, den Deckel aufsetzen.

Die gefüllten Zucchini in eine Auflaufform geben. Das herausgelöste Fruchtfleisch dazwischen auch mit in die Form geben. Saft von 2 Zitronen mit der Brühe vermengen und in die Auflaufform geben.

Im heißen Ofen bei 170 °C ca. 40 Minuten backen.

Israelisches Kichererbsen-sandwich

S. 57

Für 8 Portionen

3	große Auberginen
2 EL	Olivenöl
1	Zwiebel
6	Knoblauchzehen
12	Tomaten (alternativ 1 große Dose geschälte Tomaten; 450 g)
2 EL	Erdnussöl
1 EL	gemahlener Zimt
1 EL	Currypulver
2 EL	Zucker
1 EL	Granatapfelsirup
	Meersalz
	frisch gemahlener schwarzer Pfeffer
1 große Dose	Kichererbsen (450 g)
2 EL	Pinienkerne
½ Bund	Minzeblätter, fein geschnitten

Backofen auf 220 °C vorheizen.

Auberginen waschen, putzen und längs in 1 Zentimeter dicke Scheiben schneiden. Die Auberginenscheiben mit Olivenöl bestreichen. Auberginenscheiben auf ein Blech geben und im Ofen backen, bis sie goldbraun sind. Herausnehmen und zum Entfetten auf Küchenpapier legen.

Zwiebel und Knoblauch abziehen und hacken. Tomaten waschen, putzen und klein schneiden.

In einem Topf Erdnussöl erhitzen und darin Zwiebeln und Knoblauch glasig anbraten. Tomaten, Zimt, Curry, Zucker und Granatapfelsirup hinzufügen und das Ganze 30 Minuten köcheln lassen. Mit Salz und Pfeffer abschmecken.

Kichererbsen in ein Sieb abgießen, mit kaltem Wasser abspülen, abtropfen lassen und zugeben. Das Ganze weitere 5 Minuten kochen. Pinienkerne in einer Pfanne ohne Fett anrösten.

Zum Anrichten die Auberginenscheiben auf einen Teller legen. Die Kichererbsenfüllung daraufgeben und jeweils mit 1 Auberginenscheibe bedecken. Alles nach Wunsch mit gerösteten Pinienkernen bestreuen und mit Minze dekorieren.

HAYAS TIPP: Zu dem Kicherbsensandwich passt auch toll der selbst gemachte Zhug (Koriander-Chili-Pesto, siehe Seite 73). Ich esse dieses Gericht meistens kalt. Wenn es warm sein soll, bereite ich wie beschrieben die Kichererbsenfüllung zu, schneide die Auberginen in Würfel, gebe sie zu den Kichererbsen und füge frischen Babyspinat hinzu. Zum Schluss einfach mit etwas Zitronensaft abschmecken und mit Bulgur servieren.

Auberginensalat

S. 59

Für 4 Portionen

2	große Auberginen
	Saft von 1 Zitrone
4 EL	Olivenöl
	Salz
	frisch gemahlener schwarzer Pfeffer
½ Bund	Koriander
1 EL	rohe Tahina
1–2 EL	grüne Oliven

Auberginen direkt auf dem Gasherd, über offenem Feuer oder im Backofen auf Grillstufe rösten, bis die Schale schwarz ist. Anschließend abkühlen lassen.

Schale der Auberginen ablösen, das Fruchtfleisch klein schneiden und in eine Schüssel geben. Mit etwas Zitronensaft beträufeln. Mit Olivenöl vermengen, mit Salz und Pfeffer würzen.

Koriander waschen, trockenschwenken und klein schneiden. Unter den Salat mischen. Alles noch mal mit Zitronensaft, Salz, Pfeffer und Tahina abschmecken. Oliven entkernen, klein schneiden und untermengen.

Auberginen-konfitüre mit Ingwer und Chili

S. 60

Für ca. 10 Gläser à 250 Gramm

150 g	Zucker
+ 900 g	Zucker
1 kg	Miniauberginen
20 g	frischer Ingwer
1	Zimtstange
½ TL	gemahlener Kardamom
1 Prise	Chiliflocken
	abgeriebene Schale und Saft von
	2 Biozitronen

150 Gramm Zucker mit 3 Esslöffel Wasser in einem Topf unter Rühren karamellisieren.

Auberginen waschen, trocknen, klein schneiden. Ingwer schälen und hacken. Beides zum Zuckerkaramell geben und unter Rühren kurz einkochen lassen.

900 Gramm Zucker zugeben, umrühren und weiter einkochen lassen. Zimtstange, Kardamom und Chili zugeben. Zitronenschale und -saft zugeben. 40 bis 50 Minuten einkochen, dabei immer wieder umrühren. In Gläser abfüllen.

HAYAS TIPP: Gut passen auch Berberitzen in die Marmelade. Sie geben dem Ganzen eine leicht säuerliche Note und sind ein zusätzlicher Vitamin-Booster. Denn Berberitzen sind extrem reich an Vitamin C und Kalium. Angeblich stärken sie auch gut unser Entgiftungsorgan Nummer eins, die Leber.

Filoteigzigarren mit Spinat und Käse

S. 62

Für ca. 20 Rollen

170 g	Topfen (Quark)
80 g	Ricotta
100 g	Schafskäse
4	Knoblauchzehen
	Schale von 1 Biozitrone
200 g	frischer Spinat
1	kleine rote Chilischote
20 g	Pinienkerne
1 TL	Salz
1	Ei
20	Filoteigblätter
	zerlassene Butter zum Bestreichen
	Öl zum Frittieren

Topfen und Ricotta in einer Schüssel verrühren. Schafskäse hineinbröseln. Knoblauch abziehen und hineinpressen. Zitronenschale ebenfalls zugeben.

Spinat waschen, trocknen und klein hacken. Chilischote längs halbieren, bei Bedarf entkernen und klein schneiden. Pinienkerne hacken. Alles mit dem Salz und dem Ei unterrühren.

Filoteigblätter auf einem Küchentuch ausbreiten und mit zerlassener Butter bestreichen. Jeweils am unteren Rand etwas Platz frei lassen, darüber etwas Füllung streichen. Dann wie ein Briefkuvert unten, rechts und links einschlagen und vorsichtig einrollen. Mit den restlichen Filoteigblättern und der Füllung ebenso verfahren.

In einem Topf das Öl erhitzen, bis es Frittiertemperatur hat. Die Filoteigröllchen darin ausbacken, anschließend auf Küchenpapier abtropfen lassen.

Filoteigzigarren mit Lamm und Rind

S. 62

Für ca. 20 Rollen

2	rote Zwiebeln
	Öl zum Braten
1 kg	Hackfleisch (Lamm und Rind, gemischt)
2 TL	Raz el hanout
1 TL	Salz
1 TL	gemahlene Kurkuma
1 Bund	Petersilie
20	Filoteigblätter
	zerlassene Butter zum Bestreichen
	Öl zum Frittieren

Zwiebeln abziehen und fein hacken. In einer Pfanne im heißen Öl anbraten. Hackfleisch hineingeben und unter Rühren krümelig braten. Das Ganze mit Raz el hanout, Salz und Kurkuma würzen. Petersilie waschen, trockenschwenken, hacken und ebenfalls unterrühren. Etwas abkühlen lassen.

Filoteigblätter auf einem Küchentuch ausbreiten und mit zerlassener Butter bestreichen. Jeweils am unteren Rand etwas Platz frei lassen, darüber etwas Füllung streichen. Dann wie ein Briefkuvert unten, rechts und links einschlagen und vorsichtig einrollen. Mit den restlichen Filoteigblättern und der Füllung ebenso verfahren.

In einem Topf das Öl erhitzen, bis es Frittiertemperatur hat. Die Filoteigröllchen darin ausbacken, anschließend auf Küchenpapier abtropfen lassen.

Orientalischer Strudel

S. 63

Für 1 Strudel (runde Backform Ø 32 cm)

3	säuerliche Äpfel
	Saft von ½ Zitrone
100 g	Datteln
200 g	Zucker
100 g	gemischte Nüsse
	zerlassene Butter für die Form und zum Bestreichen
8	Filoteigblätter

Backofen auf 180 °C vorheizen.

Äpfel schälen, vierteln, Kerngehäuse entfernen und das Fruchtfleisch in kleine Würfel schneiden. Mit dem Zitronensaft in einer Schüssel mischen. Datteln entkernen und klein schneiden.

In einer Pfanne 100 Gramm Zucker mit 100 Milliliter Wasser zu Karamell kochen, dann die Nüsse untermengen. Abkühlen lassen.

Restlichen Zucker und 100 Milliliter Wasser in einer Pfanne zu Karamell kochen, die Apfelwürfel darin karamellisieren. Apfelwürfel abseihen, dabei den Sirup auffangen.

Nüsse hacken und mit den Datteln und Apfelstücken vermischen. Eine runde Backform mit Butter ausstreichen.

Filoteigblätter auf einem Küchentuch ausbreiten, die Filoteigblätter jeweils vor Verwendung mit einem Pinsel mit Butter bestreichen. Jeweils 2 Filoteigblätter übereinander legen und eine Viererreihe auslegen. Füllung daraufgeben. Die Filoteigblätter sorgfältig aufrollen, sodass eine gefüllte Rolle entsteht, am Rand die Blätter überschlagen, damit die Füllung ganz eingeschlossen ist. Die Rolle wie eine Spirale in die Form geben. Den aufgefangenen Sirup darüberträufeln.

Den Strudel im heißen Ofen ca. 30 Minuten goldbraun ausbacken.

Reispudding mit Toffeesauce

S. 64

Für 8 Portionen

	Butter für die Förmchen
300 ml	Milch
200 g	Sahne
50 g	Zucker
150 g	Basmatireis
1	Vanilleschote
2	Kardamomkapseln
2	Eigelbe

Für die Toffeesauce:

250 g	Zucker
50 g	Butter
200 g	Sahne

Backofen auf 180 °C vorheizen. 8 feuerfeste Förmchen mit Butter ausstreichen.

Milch, Sahne, Zucker und ¼ Liter Wasser in einem Topf zum Kochen bringen. Basmatireis, Vanilleschote und Kardamomkapseln hinzufügen und bei geringer Hitze so lange kochen lassen, bis der Reis bissfest ist und das Ganze eine cremige Konsistenz aufweist. Anschließend auskühlen lassen.

Vanilleschote und Kardamomkapseln entfernen, Eigelbe unterrühren. Den Milchreis in die ausgebutterten Förmchen füllen und 25 Minuten im heißen Ofen backen. Anschließend 20 Minuten abkühlen lassen.

Für die Toffeesauce Zucker und 200 Milliliter Wasser in einem Topf aufkochen, bei mittlerer Hitze unter ständigem Rühren köcheln lassen, bis die Sauce eine leicht bräunliche Farbe annimmt. Dann die Butter darin langsam schmelzen lassen, die Sahne zugeben und alles kurz durchköcheln. Anschließend abkühlen lassen.

Toffeesauce zu dem Reispudding servieren.

HAYAS TIPP: Der Reispudding schmeckt auch hervorragend, wenn man ihn auf „indische Art" zubereitet: In diesem Fall verwendet man anstelle von Milch Kokosmilch oder von Sahne Kokoscreme. Die Vanilleschote wird durch 4 Kardamomkapseln oder 1 Zimtstange ersetzt, zusätzlich gebe ich 1 Esslöffel helle Rosinen bei. Bevor der Milchreis im Ofen gebacken wird, Kardamomkapseln und Zimtstange herausnehmen. Zum Reispudding passen Erdbeeren oder auch Kokosflocken und geröstete Pistazien.

Sahleb

S. 65

Für 4 Drinks

800 ml	Milch
200 g	Schlagsahne
1 TL	Zimtpulver
1 EL	Honig
1 EL	Stärke
	nach Wunsch Rosinen, Nüsse, Kokosflocken, Berberitzen, Rosenblätter

Milch, Sahne, Zimt und Honig aufkochen. Etwas Flüssigkeit in ein Extragefäß gießen und die Stärke damit verrühren. Die Stärkemischung in die Milchmischung einrühren und das Ganze unter Rühren etwas dicker einkochen.

Die Mischung auf Gläser verteilen und nach Wunsch mit Rosinen, Nüssen, Kokosflocken, Berberitzen oder Rosenblättern dekorieren.

Mandel-Dattel-Shake

S. 66

Für 4 Portionen

50 g	Mandelblättchen
100 ml	Milch
5	frische Datteln
10 cl	Amaretto
10 cl	Arak
1 EL	Dattelsirup
100 g	Eiswürfel

In einem Topf die Mandeln mit der Milch aufkochen, dann bei schwacher Hitze etwa 20 Minuten ziehen lassen. Anschließend kalt stellen.

Die Datteln entkernen und mit Amaretto, Arak, Dattelsirup und den Eiswürfeln in einen Mixer geben. Die kalte Mandelmilch samt Mandeln hinzufügen und das Ganze so lange mixen, bis keine Stücke mehr zu sehen sind.

—

HAYAS TIPP: Es sieht toll aus, wenn man die Drinks in Gläsern mit Kakaorand serviert: Dafür etwas Kakaopulver auf einen kleinen Teller geben, die Glasränder leicht mit Wasser benetzen und kopfüber in das Pulver tunken. Zu guter Letzt stecke ich noch Orangenscheiben und Datteln auf die Glasränder.

Halbgefrorene Schokoladentorte

S. 67

Für 12-16 Stücke (Springform Ø 26 cm)

280 g	Butter
280 g	Zucker
280 g	Zartbitterschokolade
6	Eigelbe
3	Eier
	Butter für die Form

Backofen auf 170 °C vorheizen.

Butter und Zucker mit dem Handrührgerät schaumig rühren. Die Schokolade über einem Wasserbad schmelzen und anschließend zur Butter-Zucker-Mischung geben. Die Eigelbe und Eier einzeln unterrühren.

Die Springform einfetten und die Hälfte der Masse hineingeben, den restlichen Teig in den Kühlschrank stellen. Die Springform in den vorgeheizten Ofen geben und ca. 25 Minuten backen. Anschließend herausnehmen und abkühlen lassen.

Die Teigmasse aus dem Kühlschrank nehmen und auf den ausgekühlten Kuchenboden geben. Die Torte für mindestens 5 Stunden einfrieren. Ca. ½ Stunde vor dem Servieren aus der Gefriertruhe nehmen.

—

HAYAS TIPP: Ich serviere die Schokoladentorte gerne mit Halwaschaum. Dafür schneide ich 100 Gramm Halwa klein und koche es mit 250 Milliliter Milch und 50 Gramm Zucker in einem Topf auf. Anschließend lasse ich das Ganze etwas abkühlen. 1 Blatt Gelatine in kaltem Wasser einweichen, dann ausdrücken und in die Halwamasse einrühren. Die Masse durch ein feines Sieb gießen, in eine iSi-Flasche (siehe Seite 68) füllen, eine iSi-Sahnekapsel aufschrauben und kräftig schütteln. Danach im Kühlschrank ca. 2 Stunden kalt stellen, dann kann der Schaum auf die Torte gegeben werden.
Gut dazu passen aber auch unsere spicy gerösteten Nüsse (siehe Seite 170/171). Diese hacke ich einfach und gebe sie über den Kuchen.

Mahalabi mit Pistazien

S. 70 (links)

Für 10 Portionen

10 Blatt	Gelatine
1,25 kg	Sahne
240 ml	Milch
250 g	Zucker
25 ml	Rosenwasser

Zum Dekorieren:

100 ml	Grenadinesirup
100 g	Pistazien
	geröstete Kokosflocken

Gelatine 5 Minuten in kaltem Wasser einweichen. In einem Topf Sahne, Milch, Zucker und Rosenwasser erwärmen und aufkochen.

Gelatine ausdrücken und unter Rühren in der Milch-Sahne-Mischung auflösen. Die Sahne-Milch-Mischung vom Herd nehmen und durch ein feines Sieb gießen.

Alles auf kleine Dessertgläser verteilen und mindestens 1 Stunden kühl stellen. Vor dem Servieren etwas Grenadinesirup auf jedes Glas träufeln und mit Pistazien und Kokosflocken verzieren.

Panna cotta mit Ziegenmilch und Dattelsirup

S. 70 (rechts)

Für 8 Portionen

750 g	Sahne
480 ml	Ziegenmilch
8 Blatt	Gelatine
240 ml	Dattelsirup

Sahne mit der Milch zum Kochen bringen und 15 Minuten auf kleiner Flamme köcheln lassen.

Gelatine in kaltem Wasser einweichen. Gelatine ausdrücken und unter Rühren in der Milch-Sahne-Mischung auflösen. Die Sahne-Milch-Mischung vom Herd nehmen und durch ein feines Sieb gießen.

Etwas Dattelsirup auf 8 Förmchen verteilen. Die Sahne-Milch-Mischung darübergeben und auskühlen lassen. Die Förmchen mit Folie abdecken und über Nacht in den Kühlschrank stellen. Vor dem Servieren die Panna cotta mit Dattelsirup begießen.

Heute Gute-Laune-Macher:
<u>Salate</u> aus dem Orient

Tag

4

Orientalischer Kartoffelsalat mit eingelegter Zitrone

Es gibt verschiedenste Methoden, Zitronen einzulegen. Die Franzosen etwa spicken jede Zitrone mit Nelken und „betten" diese in ihrem eigenen Saft. In der Türkei legt man die Zitronen mit viel Knoblauch sowie getrockneter süßer Paprika ein und die Marokkaner geben noch Karotten dazu. Mein persönliches Lieblingsrezept lautet wie auf Seite 92 beschrieben – wichtig dabei ist allerdings, dass die Zitronen ganz gelb sind und die Schale nicht zu dick ist. Je nach Saison verwende ich Biozitronen. Wenn ich große Zitronen habe, schneide ich sie in 1 Zentimeter dicke Scheiben, wenn ich kleine Zitronen erwische, dann schneide ich die Zitronen nur kreuzweise mit einem scharfen Messer ein (aber nicht bis ganz hinunter).

Eingelegte Zitronen

Mejadra
mit Grünkern

Zu Rosh Hashanah, dem jüdischen
Neujahrsfest, servieren wir Karottenscheiben, da diese eine wichtige
Symbolik haben: Sie stehen für
Golddukaten und werden daher in
mehreren kleinen Schüsseln über
den ganzen Tisch verteilt, sodass
jeder welche davon abbekommt.
Es ist unsere Art, unseren Lieben
ein reiches Jahr zu wünschen.
Darüber hinaus gibt es zu den rohen
Karottenscheiben diesen Salat – ich
bereite ihn gern würzig zu, polnische
beziehungsweise aschkenasische
Juden essen ihn lieber süßer.

Marokkanischer Karottensalat

Taboulé mit
Avocado

Israelischer Salat mit Tahina, Petersilie und Koriander

Fenchel-
Granatapfel-
Salat mit
gebeiztem
Lachs

88

Saubohnen-Erbsen-Salat mit Granatapfelkernen

HAYAS TIPP: Toll sieht der Salat aus, wenn man ihn vor dem Servieren jeweils mit ein paar Kapuzinerkresseblüten dekoriert.

Belugalinsen-Blumenkohl-Salat

Rote-Bete-Salat auf Couscous

HAYAS TIPP: Ich liebe Rote Bete – deshalb serviere ich sie auch gerne ohne den Couscous. Stattdessen gebe ich etwas Joghurt und geröstete Pinienkerne darüber.

4 Orientalischer Kartoffelsalat mit eingelegter Zitrone

S. 82

Für 6 Portionen

1 kg	festkochende Kartoffeln
	Salz
1	eingelegte Salzzitrone (siehe rechts)
2 EL	Olivenöl
2 EL	Sonnenblumenöl
	Saft und Schale von 1 Zitrone
	frisch gemahlener schwarzer Pfeffer
je ¼ Bund	Petersilie und Koriander
2	Frühlingszwiebeln

Kartoffeln schälen und in grobe Würfel schneiden. In Salzwasser bissfest kochen.

Die eingelegte Zitrone ganz fein schneiden. Mit dem Olivenöl, Sonnenblumenöl, Zitronensaft und -schale, Salz und Pfeffer eine Marinade rühren. Über die Kartoffeln geben und 2 Stunden ziehen lassen.

Petersilie und Koriander waschen, trockenschwenken und hacken. Frühlingszwiebeln waschen, in feine Ringe schneiden und mit den Kräutern vor dem Servieren über den Salat geben.

HAYAS TIPP: Wer mag, kann etwas Arganöl in die Marinade geben – das verleiht dem Ganzen noch eine nussige Note.

Eingelegte Zitronen

S. 83

Für 1 kg Zitronen

1 kg	Biozitronen
6	Knoblauchzehen
	grobes Salz (1 TL pro Zitrone)
1 EL	Zucker
2 EL	süßes Paprikapulver
	geschroteter schwarzer Pfeffer
	Olivenöl zum Einlegen

Die Zitronen bei Bedarf in ca. 1 Zentimeter dicke Scheiben schneiden.

Knoblauch abziehen und in Scheiben schneiden. Grobes Salz (pro Zitrone 1 Teelöffel), Zucker, süßes Paprikapulver und Knoblauchzehen mit den Zitronen bzw. Zitronenscheiben in ein Einweckglas geben, dieses fest zuschrauben und die Früchte 3 Tage darin ruhen lassen. Anschließend mit Olivenöl begießen (die Zitronen vollständig bedecken!) und weitere 10 Tage einlegen.

HAYAS TIPP: Sobald die Zitronen aufgebraucht sind, das verbliebene Zitronen-Olivenöl nicht wegschütten – es hat ein herrliches Aroma, und man kann es gut z.B. für Fischgerichte verwenden. Wer mag, kann auch noch 1 bis 2 rote Chilischoten (nach Wunsch in Ringe geschnitten) mit ins Glas geben – das sieht toll aus, wenn man die Zitronen verschenken will.

Mejadra mit Grünkern

S. 84

Für 4 Portionen

250 g	Grünkern
2 große	Zwiebeln
250 g	Linsen
2 EL	Olivenöl
1 TL	gemahlener Kreuzkümmel
½ TL	Baharat (arabische Gewürzmischung)
	Meersalz
	frisch gemahlener schwarzer Pfeffer
250 g	gekochte Rote Bete
125 g	Schafsjoghurt

Grünkern in kaltem Wasser mindestens 2 Stunden einweichen.

1 Zwiebel halbieren. Einen großen Topf mit Wasser befüllen. Eine Zwiebelhälfte und die Linsen zugeben. Zum Kochen bringen und 15 Minuten köcheln lassen, bis die Linsen bissfest sind. In ein Sieb abgießen. Die Zwiebel entfernen. Die restliche Zwiebel abziehen und in Ringe schneiden. Das Öl in einer Pfanne erhitzen und darin die Zwiebelringe auf mittlerer Hitze 7 Minuten goldbraun anbraten. Zwiebeln mit Kreuzkümmel, Baharat, Salz und Pfeffer würzen.

Den Grünkern abgießen und mit den Linsen in einen Topf geben. 300 Milliliter Wasser hinzufügen, zum Kochen bringen und 15 Minuten kochen lassen.

Die Grünkern-Linsen-Mischung mit den gewürzten Zwiebelringen anrichten. Die Rote Bete in Würfel schneiden und zusammen mit dem Joghurt zur Mejadra servieren.

HAYAS TIPP: Anstelle von Grünkern kann man auch Basmatireis oder Bulgur in gleicher Menge verwenden. Grünkern, der nichts anderes ist als vor seiner Zeit geernteter und anschließend getrockneter Dinkel, hat allerdings den Vorteil, dass er extrem gesund ist: Er enthält viel Vitamin B sowie Eiweiß und Mineralstoffe. Damit gehört er zu den „guten" Kohlenhydraten, die langfristig sättigen und den Energiehaushalt stärken.

Marokkanischer Karottensalat

S. 85

Für 4 Portionen

5	Karotten
	Meersalz
½	Chilischote
2	Knoblauchzehen
1 TL	Kreuzkümmelsamen
	Saft von 1 Zitrone
4 EL	Olivenöl
	frisch gemahlener schwarzer Pfeffer
1 EL	Koriandergrün, gehackt

Karotten schälen, putzen und in Scheiben schneiden. Karotten in Salzwasser bissfest kochen und mit kaltem Wasser abschrecken.

Chilischote waschen, längs halbieren und die Kerne entfernen. Chili fein würfeln. Knoblauch abziehen und klein schneiden. Kreuzkümmel anrösten.

Karotten in einer Schüssel mit Chili, Knoblauch, Zitronensaft, Olivenöl, etwas Salz, Pfeffer, Kreuzkümmel und Koriandergrün mischen. Den Salat mindestens 1 Stunde durchziehen lassen. Vor dem Servieren nochmals abschmecken.

HAYAS TIPP: Diesen Salat kann man bis zu 1 Woche im Kühlschrank aufbewahren. Ich dekoriere den Salat gerne mit eingelegten Zitronen (siehe Rezept Seite 92).
Als Variante kann man auch Rote Bete verwenden. Und wem Koriander nicht schmeckt, der kann natürlich genauso gut Petersilie verwenden.

Taboulé mit Avocado

S. 86

Für 4 Portionen

250 g	Bulgur mittlerer Stärke
1 TL	Madrascurry
2 TL	gemahlene Kurkuma
2	Gurken
2	Frühlingszwiebeln
1	rote Paprikaschote
1	Knoblauchzehe
1 TL	Petersilienblätter
1 TL	Minzeblätter
1 TL	Dillspitzen
½	rote Chilischote
100 g	Kalamata-Oliven
2 EL	Olivenöl
2 TL	Zitronensaft
etwas	Zitronenabrieb oder die Schale von
1	eingelegte Salzzitrone (siehe Seite 92), fein geschnitten
1	Avocado

Bulgur in ein feines Sieb geben und mit kaltem Wasser mehrmals abspülen. In einen Topf geben, mit Curry und Kurkuma mischen, dann mit ½ Liter Wasser übergießen und 20 Minuten auf kleiner Flamme köcheln lassen.

Gurken waschen, der Länge nach halbieren und mit einem kleinen Löffel die Kerne herauskratzen. Gurken in etwa 1 Zentimeter dicke Scheiben schneiden.

Frühlingszwiebeln waschen, putzen und fein schneiden. Paprika waschen, putzen und in kleine Würfel schneiden. Knoblauch abziehen und fein hacken. Die Kräuter waschen, trockenschütteln und fein schneiden.

Chilischote waschen, längs halbieren und die Kerne entfernen. Chili klein schneiden. Die Oliven mit dem Messerrücken andrücken, entkernen und halbieren.

Gurken, Frühlingszwiebeln, Paprika, Knoblauch, Kräuter, Chili und Oliven zum Bulgur geben und alles mit dem Olivenöl, dem Zitronensaft und der Zitronenschale mischen. Die Avocado schälen, entkernen, würfeln und unterheben.

HAYAS TIPP: Diesen Salat dekoriere ich gerne sehr großzügig mit Berberitzen oder in Würfel geschnittenen, getrockneten Aprikosen. Beides gibt dem Ganzen eine süßliche Note. Wenn man Avocados kurz in heißem Olivenöl anbrät und anschließend sofort über einer Schüssel mit Eiswasser runterkühlt, hält sich die Farbe besonders lange.

Israelischer Salat mit Tahina, Petersilie und Koriander

S. 87

Für 4 Portionen

2	Gurken
4	Tomaten
½ Bund	Petersilie
½ Bund	Koriander
2 EL	Zitronensaft
2 EL	rohe Tahina
	Salz
	frisch gemahlener schwarzer Pfeffer

Gurken waschen, längs halbieren, nach Wunsch Kerne entfernen und die Gurken in grobe Würfel schneiden. Tomaten waschen und in Würfel schneiden. Petersilie und Koriander waschen, trockenschwenken und klein schneiden.

Alle Zutaten in einer Schüssel mischen, mit Zitronensaft, Tahina, Salz und Pfeffer würzen.

Fenchel-Granatapfel-Salat mit gebeiztem Lachs

S. 88

Für 4 Portionen

Für den Lachs:

150 g	Meersalz
100 g	Zucker
je 1 EL	Sternanis, Senfkörner, Koriandersamen,
	Kreuzkümmelsamen, schwarze Pfefferkörner
1 Seite	Lachs

Für das Dressing:

1	Chilischote
	Saft von 2 Zitronen
1 EL	Ahornsirup
1 EL	Granatapfelsirup
1	Kardamomkapsel
1 EL	Kreuzkümmelsamen
	Schale von 1 Zitrone
	frisch gemahlener schwarzer Pfeffer
75 ml	Olivenöl
75 ml	Opcistül
	Meersalz

Für den Salat:

1	Fenchelknolle
1	rote Paprikaschote
1	Gurke
100 g	Rucola
	Meersalz
100 g	Granatapfelkerne
20 g	geröstete Nüsse

Für den gebeizten Lachs Salz, Zucker und Gewürze mischen und den Lachs damit einreiben. Die Lachsseite fest in Frischhaltefolie wickeln und 8 Stunden im Kühlschrank kühl stellen. Anschließend das Salz und die Gewürze mit kaltem Wasser abwaschen. Lachs in feine Streifen schneiden.

Für das Dressing die Chilischote waschen, längs halbieren und die Kerne entfernen. Chili klein schneiden.

Zitronensaft, 20 Milliliter Wasser, Ahornsirup und Granatapfelsirup in ein hohes Rührgefäß füllen. Kardamomkapsel und Kreuzkümmel im Mörser zerreiben. Kardamom, Kreuzkümmel, Chili, Zitronenschale und Pfeffer hinzufügen und mit dem Pürierstab fein mixen. Beide Ölsorten unter ständigem Mixen langsam hinzufügen. Das Dressing mit Salz abschmecken.

Für den Salat die Fenchelknolle waschen, die äußeren harten Blätter und die Stiele entfernen und die Knolle in feine Streifen schneiden. Paprika waschen, putzen und fein schneiden. Die Gurke waschen, längs halbieren, mit einem Löffel die Kerne herausschaben und die Gurke der Länge nach in Scheiben schneiden. Rucola waschen, trockenschütteln und in Stücke zupfen.

Fenchel, Paprika und Gurken in eine Schüssel füllen und leicht salzen. Alles mit dem Dressing vermischen. Den Salat mit Rucola, Granatapfelkernen, den Nüssen und gebeiztem Lachs garnieren.

Saubohnen-Erbsen-Salat mit Granatapfelkernen

S. 89

Für 4 Portionen

400 g	Saubohnen
200 g	tiefgekühlte Erbsen
	Salz, frisch gemahlener schwarzer Pfeffer
2 EL	Dillspitzen, gehackt
	Olivenöl, Saft von 1 Zitrone
1	Granatapfel

Saubohnen über Nacht in Wasser einlegen. Am nächsten Tag abseihen und nochmals gut abspülen. Bohnen und Erbsen in Salzwasser bissfest blanchieren, anschließend in Eiswasser abschrecken.

Die Saubohnen mit Salz, Pfeffer, Dill, Olivenöl und Zitronensaft abschmecken. Granatapfelkerne aus der Frucht herauslösen und in den Salat mischen. Je nach Geschmack kann man auch den Fruchtsaft dazugießen.

Belugalinsen-Blumenkohl-Salat

Rote-Bete-Salat auf Couscous

Für 8 Portionen

2	mittelgroße Blumenkohlköpfe
1 TL	gemahlene Kurkuma
½ TL	gemahlener Koriander
	Meersalz
	frisch gemahlener schwarzer Pfeffer
5 EL	Olivenöl
150 g	Belugalinsen
1	kleine rote Zwiebel
½ Bund	Koriandergrün, gehackt
½ TL	Chiliflocken
2 EL	Zitronensaft
½ TL	Dijon-Senf
100 g	Fetakäse

Backofen auf 180 °C (Ober-/Unterhitze) vorheizen. Ein Backblech mit Backpapier auslegen.

Blumenkohl waschen, putzen und in Röschen zerteilen. Blumenkohl in eine Schüssel füllen. Kurkuma, Koriander, Salz, Pfeffer und 3 Esslöffel Olivenöl hinzufügen. Alles mischen. Blumenkohl auf dem Backblech ausbreiten und im Ofen 30 Minuten backen, bis er gar ist, aber noch Biss hat.

Linsen waschen und in 300 Milliliter Wasser 20 Minuten bissfest kochen. Anschließend die Linsen in einem Sieb abtropfen und bei Raumtemperatur abkühlen lassen.

Abgekühlte Linsen und Blumenkohl mischen. Die Zwiebel abziehen, halbieren und in Ringe schneiden. Zwiebel, Koriander, Chiliflocken, Zitronensaft, Dijon-Senf und 2 Esslöffel Olivenöl zu der Blumenkohl-Linsen-Mischung geben. Mischen und mit Salz und Pfeffer würzen.

Den Feta mit den Händen zerbröckeln und den Salat damit bestreuen.

Für 8 Portionen

1 TL	Currypulver
1 TL	gemahlene Kurkuma
1 TL	Kreuzkümmelsamen
	frisch gemahlener schwarzer Pfeffer
1 TL	Koriandersamen
	Saft von 1 Zitrone
1	Chilischote
½ kg	Couscous
2 EL	geröstete Nüsse
	(oder karamellisierte Nüsse von S. 170/171)
5 EL	Olivenöl
2 EL	Minzeblätter, gehackt
2 EL	Koriandergrün, gehackt
500 g	Rote Bete
1 EL	Granatapfelsirup
1 EL	Aceto balsamico
1 TL	gemahlener Kreuzkümmel, Salz
1	kleine rote Chilischote
	Minzeblätter oder Dillgrün zum Dekorieren

1 Liter Wasser mit den Gewürzen, dem Zitronensaft und der Chilischote aufkochen. Anschließend durch ein Sieb über den Couscous gießen. Couscous ca. 10 Minuten quellen lassen, dann mit den Händen gut durchmischen, sodass sich die einzelnen Körner gut trennen.

Nüsse hacken. Couscous mit 2 Esslöffel Olivenöl, den Kräutern und den Nüssen mischen. Den Couscous auf eine große Platte geben und abkühlen lassen.

Rote Bete schälen, in einem Topf mit heißem Wasser aufkochen, dann in ca. 20 Minuten bissfest kochen. Anschließend abgießen, in grobe Stücke schneiden.

Aus 3 Esslöffeln Olivenöl, dem Granatapfelsirup, Aceto balsamico, Kreuzkümmel und Salz eine Vinaigrette rühren. Chilischote längs halbieren, nach Wunsch Kerne entfernen, Schote hacken und untermengen. Die Rote-Bete-Stücke mit der Vinaigrette mischen und auf den Couscous geben. Mit Minzeblättern oder Dillgrün dekorieren.

Notizen

Tag

5

Marokkanisches Feuer:
Tajines und Gegrilltes

Welche Regeln beim Kochen mit der Tajine zu beachten sind, erfahren Sie in meinen Tipps auf den Seiten 119 und 121.

Bei einer Tajine handelt es sich um ein Schmorgefäß aus Keramik – mit flachem Boden und einem konischen Deckel, der wie eine Zipfelmütze anmutet. Die Spitze des Deckels ist mit einer kleinen Mulde versehen, in die man kaltes Wasser einfüllt. Dadurch bleibt der Deckel nach außen hin gekühlt, während an der Innenseite der Dampf kondensiert und wieder abläuft. Vorteil dieser Methode ist, dass die Garung der Speisen sanft erfolgt. Für mich ist die Tajine das Herzstück der Balagan-Philosophie: ein Drunter & Drüber, bei dem Fleisch, Fisch und/oder Gemüse übereinander aufgeschichtet werden und vor sich hin köcheln.

Hühnchen-
tajine mit Wurzel-
gemüse, Nüssen
und getrockneten
Früchten

Gefüllte
Zwiebeln

Marokkanisches
Zitronenhühnchen

Gemüsetajine

Ossobuco aus der Tajine

HAYAS
―TIPP: Ich überbacke die Lammkebab noch, siehe übernächste Seite!

106

Vegetarische Zucchinikebab
für meinen Mann Samy

Lammkebab in Zitrus-Tahina-Sauce überbacken (Senia)

Käse oder Béchamel würde in Kombination mit der orientalischen Küche viel zu schwer im Magen liegen. Daher verwende ich lieber Tahina als „Softener" – sie ist leichter und schmeckt köstlich. Sie sollten das unbedingt probieren!

Gegrilltes Hangersteak mit Tomaten-Kichererbsen-Salat

Falls Ihr Fleischer Sie bei der Nachfrage nach „Hangersteaks" (gesprochen: Hängersteaks) mit zwei großen Fragezeichen in den Augen anblicken sollte, reagieren Sie freundlich, aber souverän: Das Hangersteak stammt genau aus jenem Teil der Lende, die „hanger tender" genannt wird. Es handelt sich dabei um ein längliches, besonders zartes Stück Fleisch.

Hühnchen mit Couscousfüllung

„Gefilte Fisch" auf meine Art

Blumenkohl im Ganzen
serviert mit Olivenöl

Spinat-Hummus-Laibchen

Israelische Hühnersuppe von meiner Mami

5 Hühnchen- tajine mit Wurzel- gemüse, Nüssen und getrockneten Früchten

S. 102

Für 6 Portionen

1	Sellerieknolle
4	Karotten
3	Gelbwurzeln (Kurkuma)
1	Pastinake
150 g	gemischte getrocknete Früchte: Datteln, Aprikosen, Feigen, Cranberrys
3	Hühnerbrustfilets
	Meersalz
	frisch gemahlener schwarzer Pfeffer
	Öl zum Braten
2	Zwiebeln
4	Knoblauchzehen
1 EL	Tomatenmark
½ TL	gemahlener Kreuzkümmel
½ TL	gemahlene Kurkuma
½ TL	Currypulver
2	Kardamomkapseln
1	Sternanis
20 g	frischer Ingwer
1½ l	Hühnerbrühe
	Saft und abgeriebene Schale von 2 Zitronen
	Saft und abgeriebene Schale von 2 Orangen
1	rote Chilischote
1 EL	Koriandergrün, gehackt

Sellerie schälen, putzen und klein schneiden. Karotten, Gelbwurzeln und Pastinake schälen, putzen und klein schneiden.

Die getrockneten Früchte in einer Schüssel mit warmem Wasser bedecken und einweichen.

Die Hühnerbrustfilets waschen, trockentupfen und mit Salz und Pfeffer würzen. In einem großen Topf etwas Öl erhitzen und die Hühnerbrustfilets kurz darin anbraten, dann herausnehmen. Zwiebeln und Knoblauch abziehen und klein schneiden.

Zwiebeln, Knoblauch, Tomatenmark, Kreuzkümmel, Kurkuma, Currypulver, Kardamom, Sternanis und geriebenen Ingwer in den Topf geben und kurz anbraten.

Sellerie, Karotten, Gelbwurzeln und Pastinake dazugeben und 5 Minuten unter Rühren anbraten. Die Hühnerbrühe, Zitronensaft und -schale sowie Orangensaft und -schale zum Gemüse geben und 10 Minuten kochen. Dann die ausgedrückten Trockenfrüchte hinzufügen und weitere 5 Minuten kochen. Die Hühnerbrustfilets einlegen und nochmals aufkochen.

Chilischote waschen, längs halbieren und die Kerne entfernen. Chili fein würfeln und zugeben. Mit Salz und Pfeffer abschmecken.

Die Hühnchentajine auf Tellern anrichten und mit Koriandergrün dekorieren.

Gefüllte Zwiebeln

S. 102/103

Für 30 Stück

5	große Zwiebeln

Für die Füllung:

2	getrocknete Aprikosen
1	getrocknete Pflaume
1	getrocknete Feige
250 g	Rinderhackfleisch
250 g	Jasminreis (alternativ persischer Reis oder Rundkornreis)
2 EL	getrocknete Berberitzen
2 EL	Rosinen
2	Knoblauchzehen
½ Bund	Petersilie
	Saft und abgeriebene Schale von ½ Zitrone
	Meersalz
	frisch gemahlener schwarzer Pfeffer

Für die Sauce:

½- ¾ l	Hühnerbrühe oder Wasser
75 ml	Zitronensaft
75 ml	süße Chilisauce
1-2 EL	Honig oder Dattelsirup
	Meersalz
	frisch gemahlener schwarzer Pfeffer

Zwiebeln abziehen und mit einem Messer auf einer Seite bis zum Herzen der Zwiebel einritzen. Zwiebeln in einem Gemüsedämpfer 15 Minuten lang dämpfen. Anschließend herausnehmen und abkühlen lassen. Die einzelnen Zwiebelschichten voneinander lösen. Die Zwiebelherzen beiseitelegen.

Für die Füllung Aprikosen, Pflaume und Feige fein würfeln und in eine Schüssel füllen. Das Rinderhackfleisch, den Reis, Berberitzen und Rosinen zugeben. Knoblauch abziehen und klein schneiden. Petersilie waschen, trockenschütteln, zupfen und die Blätter klein schneiden.

Knoblauch und Petersilie, Zitronensaft und Zitronenschale zum Gehackten in die Schüssel geben und alles mischen. Kräftig mit Salz und Pfeffer würzen.

In einem weiten Topf die Zwiebelherzen auf dem Topfboden verteilen. Die abgelösten Zwiebelschichten mit 1 Esslöffel der Früchte-Fleisch-Reis-Mischung befüllen und zusammenrollen. Die gefüllten Zwiebeln mit dem Schnitt nach unten auf die Zwiebelherzen setzen.

Für die Sauce Hühnerbrühe, Zitronensaft, süße Chilisauce, Honig oder Dattelsirup, etwas Salz und Pfeffer mischen. Über die Zwiebeln gießen und das Ganze mit einem großen Porzellanteller beschweren. Den Topf mit einem Deckel verschließen, alles zum Kochen bringen und auf kleinster Flamme ca. 1 Stunde garen, bis die Flüssigkeit verdampft ist.

HAYAS TIPP: Anstelle von Reis kann man Bulgur, Quinoa oder Couscous verwenden. Auch die Zubereitung im Ofen ist möglich: Im vorgeheizten Ofen die Zwiebeln bei 150 °C 2 Stunden backen und währenddessen mit Alufolie bedecken. 10 Minuten vor Ende der Garzeit die Folie entfernen.
Bei der Zubereitung in der Tajine ist es ganz gut, wenn man deren Boden mit Zwiebelringen auslegt, auf die man die gefüllten Zwiebeln dann schichtet. Auf diese Art vermeidet man, dass die gefüllten Zwiebeln anbrennen. Denn eines der Grundprinzipien beim Kochen mit der Tajine ist: Man darf deren Deckel nur heben, um hin und wieder etwas Wasser über das Gericht zu gießen. Ansonsten sollte man sie aber nicht anfassen!

Notizen

Marokkanisches Zitronenhühnchen

S. 103

Für 4 Portionen

1	Brathähnchen
	Saft von 2 Zitronen
½ Bund	Petersilie
3-4 EL	Olivenöl
100 g	geklärte Butter (Ghee)
1	eingelegte Salzzitrone (Fruchtfleisch, siehe Seite 92)
1 TL	Ingwerpulver
	frisch gemahlener schwarzer Pfeffer
1 TL	gemahlene Kurkuma
2	Zwiebeln
4	Knoblauchzehen
	Meersalz
1 Handvoll	grüne Oliven
	Couscous als Beilage

Das Hühnchen unter fließendem kaltem Wasser waschen, anschließend mit Küchenpapier trockenreiben. Das Ende der Flügel mit einer Geflügelschere kürzen. Das Hühnchen innen und außen mit Zitronensaft einreiben.

Petersilie waschen, trockenschütteln, die Blätter abzupfen und klein schneiden. Olivenöl, geklärte Butter, das Fruchtfleisch von 1 eingelegten Zitrone, Ingwerpulver, Pfeffer, Kurkuma und Petersilie mischen und damit großzügig das Hühnchen bestreichen.

Zwiebeln und Knoblauch abziehen und grob würfeln. Zwiebeln und Knoblauch in einen Topf geben, das Hühnchen darauflegen und über Nacht im Kühlschrank ruhen lassen.

Am nächsten Tag den Backofen auf 180 °C vorheizen. Das Hühnchen mit 4 bis 5 Schöpflöffel Wasser übergießen, etwas Meersalz darüberstreuen, die Oliven hinzufügen und das Hühnchen 45 Minuten im heißen Ofen garen.

Mit Couscous servieren.

Gemüse-tajine

S. 104

Für 4 Portionen

5	mehligkochende Kartoffeln
4	Karotten
1	Süßkartoffel (ca. 250 g)
3	Zwiebeln
4	gelbe Paprikaschoten
2	Zucchini
1	Stange Staudensellerie
2	Tomaten
je 1 Bund	Petersilie und Koriander
1 Handvoll	grüne Oliven
1	rote Chilischote
½ EL	Pimentpulver
½ EL	gemahlener Kreuzkümmel
½ EL	gemahlene Kurkuma
6 EL	Olivenöl
4	Knoblauchzehen
100 ml	Orangensaft
1 TL	Dattelsirup
	Salz
	frisch gemahlener schwarzer Pfeffer

Die Tajine ca. 10 Minuten wässern. Inzwischen Kartoffeln, Möhren und Süßkartoffel putzen, schälen und in Scheiben schneiden. Die Zwiebeln abziehen, halbieren und in längliche Spalten schneiden.

Paprika, Zucchini und Sellerie waschen, putzen und ebenfalls in längliche Stücke schneiden. Tomaten waschen und ohne die Stielansätze in dicke Scheiben schneiden.

Petersilie und Koriandergrün waschen und trockenschwenken, die Blättchen hacken. Die Oliven nach Wunsch halbieren und entsteinen. Chilischote waschen, nach Wunsch entkernen und klein schneiden oder im Ganzen belassen.

Die Gewürze mit dem Olivenöl in einer großen Schüssel verrühren. Knoblauch abziehen und in die Schüssel pressen.

Den Tajineboden mit dem Knoblauchöl ausstreichen. Das Gemüse hineinschichten (erst Kartoffeln, Zwiebeln, Möhren und Sellerie, dann Zucchini, Paprika und Tomaten). Die Oliven und die Hälfte der Kräuter mit der Chilischote darübergeben. Orangensaft mit dem Dattelsirup verrühren und darübergießen.

Die Tajine langsam aufheizen und bei starker Hitze 5 bis 10 Minuten dünsten. Dann auf mittlere Stufe herunterschalten und das Gemüse in weiteren 25 bis 30 Minuten fertig garen. Die Tajine mit Salz und Pfeffer abschmecken, vor dem Servieren mit den restlichen Kräutern bestreuen.

—
HAYAS TIPP: In der Tajine können je nach Saison verschiedene Gemüse gegart werden. In Marokko haben wir zum Beispiel frische Artischockenböden, Sojabohnen und Saubohnen obenauf gegeben. Üblicherweise wird der Boden mit Kartoffelscheiben ausgelegt, darauf dann Zwiebelspalten. Weil das Auge ja bekanntlich mit isst, sollte man sich mit der Anordnung des Gemüses schon etwas Mühe geben. Die Tajine wird vorab gewässert, währenddessen kann man das Gemüse vorbereiten. Dann wird es in die geölte Tajine geschichtet, der Topf langsam aufgeheizt und das Gemüse bei starker Hitze kurz gedünstet. Anschließend wird auf mittlerer Stufe alles fertig gegart.

Ossobuco aus der Tajine

S. 105

Für 4 Portionen

2	Zwiebeln
3	Knoblauchzehen
2	Karotten
1	gelbe Rübe
	Öl zum Braten
2 EL	Tomatenmark
100 ml	roter Portwein
200 ml	Rotwein
4-6	Kalbshaxenscheiben (je nach Größe)
	Salz
100 g	Mehl
	frisch gemahlener schwarzer Pfeffer
	gemahlener Kreuzkümmel
1	eingelegte Zitrone (Salzzitrone, siehe Seite 92)

Backofen auf 150 °C vorheizen.

Zwiebeln und Knoblauch abziehen, Karotten und Gelbe Rübe schälen, alles in Würfel schneiden. Das Gemüse in einem Topf in wenig Öl anrösten, bis es eine bräunliche Farbe annimmt. Das Tomatenmark hinzufügen und weiterrösten. Mit Portwein und Rotwein ablöschen und mit 200 Milliliter Wasser aufgießen.

Die Kalbshaxen beidseitig salzen, mit Mehl bestäuben und in einer Pfanne mit Öl beidseitig anbraten.

Die gebratenen Kalbshaxen in eine Tajine oder Backform schichten und mit der Gemüsemischung übergießen. Das Ganze ca. 2 Stunden im heißen Ofen schmoren, bis das Fleisch weich ist.

Das Fleisch vorsichtig herausnehmen. Den Bratensaft durch ein feines Sieb abgießen und mit Salz, Pfeffer, Kreuzkümmel und der geschnittenen eingelegten Zitrone abschmecken. Die Sauce zum Fleisch servieren.

—
HAYAS TIPP: Ich dekoriere dieses Gericht gerne mit einer eingelegten Zitrone – der Kontrast zwischen dem Schmorgericht und der gelben Zitrone ist eine Augenweide!

Vegetarische Zucchinikebab für meinen Mann Samy

S. 107

Für 6 Portionen

8	große Zucchini
150 g	feiner Bulgur
1	Zwiebel
3	Knoblauchzehen
100 g	Parmesan, gerieben
100 g	Fetakäse, gerieben
100 g	geröstete Mandeln, gehackt
100 g	Minzeblätter, gehackt
100 g	Petersilienblätter, gehackt
2	Eier
80 g	Semmelbrösel
	Meersalz
	frisch gemahlener schwarzer Pfeffer
2 EL	Olivenöl

Zucchini waschen, putzen und grob reiben. Die Zucchiniraspel in ein Sieb geben und abtropfen lassen.

Bulgur kurz in Wasser einweichen und anschließend überschüssiges Wasser abgießen.

Abgetropfte Zucchiniraspel in eine Schüssel füllen. Zwiebel abziehen und klein schneiden. Knoblauch abziehen und pressen.

Zwiebeln und Knoblauch, Parmesan, Feta, Mandeln, Bulgur, Minze und Petersilie zu den Zucchini geben. Die Eier und Semmelbrösel hinzufügen und alles vermischen. Mit Salz und Pfeffer würzen und 30 Minuten im Kühlschrank kühl stellen.

Aus dem Zucchiniteig kleine Frikadellen formen und in Öl auf beiden Seiten anbraten.

— HAYAS TIPP: Falls die Masse zu trocken ist, gibt man noch ein Ei hinein. Am liebsten reiche ich zu den Zucchinikebab einen frischen Dip (z.B. Minz-Sauerrahm-Dip, siehe Seite 123). Wenn es für uns Lammkebab gibt, bekommt mein Mann Samy immer Zucchinikebab, weil er Vegetarier ist. Neidisch auf uns

musste er aber nie sein, wenn wir genüsslich unsere Kebab aßen – ganz im Gegenteil: Manchmal musste er aufpassen, dass wir ihm nicht alles wegaßen, weil wir immer von seinen Zucchinikebab kosten wollten.

Kebab

S. 106

Für 6 Portionen

½ kg	grobes Lammhackfleisch vom Metzger (oder besser mit einem scharfen Messer selbst grob gehackt)
½ kg	grobes Rinderhackfleisch vom Metzger (oder besser mit einem scharfen Messer selbst grob gehackt)
1	große Zwiebel
5	Knoblauchzehen
2 EL	Olivenöl
1 Bund	Petersilie, gehackt
1 EL	gemahlener Kreuzkümmel
2 TL	Meersalz
	frisch gemahlener schwarzer Pfeffer
	Öl zum Braten

Lamm- und Rinderhackfleisch in eine Schüssel geben.

Zwiebel abziehen und klein schneiden. Das Olivenöl in einer Pfanne erhitzen und die Zwiebeln darin anbraten. Herausnehmen und leicht abkühlen lassen.

Knoblauch abziehen und pressen. Zwiebeln, Knoblauch, Olivenöl, gehackte Petersilie, Kreuzkümmel, Salz und Pfeffer zum Fleisch geben und alles mit den Händen gründlich verkneten. Mit Salz und Pfeffer abschmecken.

Aus der Fleischmasse kleine Frikadellen formen und in Öl auf beiden Seiten anbraten oder auf dem Holzkohlengrill grillen.

— HAYAS TIPP: Meine Eltern sind rumänischer Abstammung, und mein Vater grillte die Kebabs oft und gerne. Er hackte das Fleisch immer mit einem großen Messer – dadurch war immer sehr viel Liebe dabei. Wenn er Kebab zubereitete, habe ich ihm immer gerne geholfen. Perfekt passt dazu die rumänische Knoblauchsauce (siehe Seite 125).

Lammkebab in Zitrus-Tahina-Sauce überbacken (Senia)

S. 108

Für 6-8 Portionen

4	mittelgroße Kartoffeln
150 ml	Erdnussöl
1	Zwiebel
150 g	Petersilie
1 kg	Lamm- oder Rinderhackfleisch
1 TL	gemahlener Zimt
1 TL	Baharat (arabische Gewürzmischung)
	Meersalz
	frisch gemahlener schwarzer Pfeffer

Für die Sauce:

250 g	Tahina
	Saft von 2 Zitronen
	Saft und abgeriebene Schale von 1 Orange
	abgeriebene Schale von 1 Zitrone
	Meersalz
	frisch gemahlener schwarzer Pfeffer
125 g	geröstete Pinienkerne
1 Handvoll	Petersilie, geschnitten

Backofen auf 180 °C vorheizen.

Kartoffeln schälen und in 1 Zentimeter dicke Scheiben schneiden. Das Öl in einer Pfanne erhitzen und darin die Kartoffelscheiben frittieren, bis sie goldgelb sind. Kartoffeln zum Entfetten auf Küchenpapier legen.

Zwiebel abziehen und klein schneiden. Petersilie waschen, trockenschütteln, zupfen und die Blätter klein schneiden. Das Hackfleisch mit der Zwiebel, Petersilie, Zimt und Baharat in eine Schüssel geben und mischen. Mit Salz und Pfeffer würzen.

Die Kartoffelscheiben in eine Auflaufform geben. Das Gehackte zu kleinen Köfte formen und daraufsetzen. Im Ofen 10 Minuten backen, dann herausnehmen, den Ofen aber nicht ausschalten.

Für die Sauce Tahina, Zitronen- und Orangensaft sowie -schale und ½ Liter Wasser in ein hohes Rührgefäß füllen und mit dem Pürierstab mixen, bis eine cremige Konsistenz entsteht. Mit Salz und Pfeffer abschmecken.

Die Zitrus-Tahina-Sauce über den Köfte verteilen und das Ganze weitere 10 Minuten im Ofen backen. Auf Tellern verteilen, mit den Pinienkernen und Petersilie garniert servieren.

Minz-Sauerrahm-Dip

Für 6 Portionen

2 Becher	Sauerrahm (500 g)
2	Knoblauchzehen
	frische Minzeblätter je nach Geschmack
2 EL	Olivenöl
2 EL	Zitronensaft
1 Prise	Cayennepfeffer
1 Prise	gemahlener Kreuzkümmel
	Meersalz
	frisch gemahlener schwarzer Pfeffer

Sauerrahm in eine Schüssel füllen. Knoblauch abziehen und pressen. Minze waschen, zupfen und die Blätter klein schneiden.

Olivenöl, Zitronensaft, Knoblauch, Cayennepfeffer, Kreuzkümmel und Minze mit dem Sauerrahm vermischen. Den Dip mit Salz und Pfeffer würzen.

Gegrilltes Hangersteak mit Tomaten-Kichererbsen-Salat

S. 109

Für 4 Portionen

10	Kirschtomaten
	Olivenöl
	Meersalz
	frisch gemahlener schwarzer Pfeffer
	Zucker
8	Miniauberginen
800 g	Hangersteak (ca. 1,5 cm dünn geschnitten)
1	eingelegte Zitrone (siehe Seite 92)
	Öl zum Braten
1	Peperoncini
4	Knoblauchzehen
480 g	Kichererbsen (aus der Dose)
1 Handvoll	Minzeblätter
	Saft von 1 Zitrone
	Tahina zum Beträufeln

Tomaten waschen, auf ein Blech legen und mit Olivenöl, etwas Salz, Pfeffer und Zucker würzen. Die Tomaten 1½ Stunden bei 120 °C im Ofen backen.

Die Miniauberginen im Backofen oder auf dem Grill rösten und das Fruchtfleisch mit einem Löffel herausschaben.

Das Hangersteak mit der Schale der eingelegten Zitronen und Pfeffer würzen. Eine Grillpfanne erhitzen und das Fleisch darin pro Seite 2 Minuten grillen.

Peperoncini in heißem Öl kurz frittieren und herausnehmen. Knoblauch abziehen und hacken.

Die Kichererbsen mit Tomaten, Knoblauch, Minze, Peperoncini, Salz, Zitronensaft und Olivenöl mischen und abschmecken. Auf Tellern verteilen. Jeweils ein Hangersteak daraufsetzen und die gegrillten Auberginen seitlich daneben platzieren. Zuletzt mit etwas Tahina beträufeln.

Tomatensalsa

Für 4 Portionen

1 kg	reife Tomaten
2	Peperoncini
4	Knoblauchzehen
4 EL	Koriandergrün, gehackt
1 EL	Rotweinessig
4 EL	Olivenöl
	Meersalz

Tomaten waschen und auf der Gemüsereibe grob reiben. Die Peperoncini klein schneiden. Knoblauch abziehen und pressen.

Tomaten, Peperoncini, Knoblauch, Koriandergrün, Essig und Olivenöl in eine Schüssel füllen. Alles mit Meersalz mischen und sofort essen.

HAYAS TIPP: Die Salsa passt gut zum Hangersteak (siehe Rezept links), aber ich serviere die Tomatensalsa auch gerne zum Frühstück mit Labane und Spinatpalatschinken.
Sogar zu dem marokkanischen Bohnengericht Ful schmeckt die Salsa hervorragend.

Hühnchen mit Couscousfüllung

S. 110

Für 1 ganzes Hühnchen

1 Bund	gemischte Kräuter
100 g	eingelegte Zitronen (siehe Seite 92)
2	große Zwiebeln
4	Knoblauchzehen
3 EL	Olivenöl
250 g	Rinderhackfleisch
100 g	Couscous
20 g	Cranberrys
2 EL	geröstete Pinienkerne
1 TL	Currypulver
	Salz
	frisch gemahlener schwarzer Pfeffer
1 TL	gemahlene Kurkuma
	Öl zum Bestreichen

Für die Sauce:

3 EL	Olivenöl
1 EL	Tomatenmark
3	Knoblauchzehen
	Granatapfelsaft
2 EL	Sojasauce
3 EL	Dattelsirup oder Honig
1 EL	Zucker
	Salz
	frisch gemahlener schwarzer Pfeffer
	Zitronensaft

Backofen auf 160 °C vorheizen.

Kräuter waschen, trockenschwenken und hacken. Eingelegte Zitronen klein schneiden. Zwiebeln und Knoblauch abziehen und hacken.

Zwiebeln und Knoblauch in einer Pfanne im heißen Öl anschwitzen, Hackfleisch zugeben und unter Rühren krümelig braten. Das Ganze in ein Sieb geben und die Flüssigkeit etwas ausdrücken.

Hackfleisch mit Couscous, Cranberrys, Kräutern, eingelegten Zitronen, Pinienkernen und den Gewürzen mischen. Das Huhn mit der Mischung füllen und mit Küchengarn zubinden. Die restliche Füllung in

eine ofenfeste Form geben.Kurkuma und Olivenöl verrühren und das Huhn rundum damit bestreichen.

Das Huhn in eine Backform geben und 45 Minuten im heißen Ofen backen. Zwischendurch immer wieder mit dem Fettsaft, der sich am Formboden sammelt, bestreichen. Wenn das Huhn zu dunkel wird, mit Alufolie abdecken.

HAYAS TIPP: Ich benutze diese Füllung auch gern für im Ganzen gebratene Gänse.

Rumänische Knoblauchsauce

Für 6 Portionen

10	Knoblauchzehen
1 TL	grobes Salz
100 ml	heller neutraler Essig
100 ml	kohlensäurehaltiges Mineralwasser

Knoblauch abziehen. Knoblauchzehen zusammen mit dem Salz auf ein Brett legen und mit einem großen, breiten Messer zu einer feinen Creme streichen.

Essig und Mineralwasser unter die Creme rühren.

HAYAS TIPP: Man hat genau zwei Möglichkeiten, die Knoblauchsauce zu genießen. Entweder alle essen von ihr, oder man hat hinterher keine Verabredung mehr. Ich verwende die Sauce auch für die Lammkebab (siehe Seite 122). Ich bestreiche sie vor dem Braten damit, das gibt ein tolles Aroma.

„Gefilte Fisch" auf meine Art

S. 111

Für 6 Portionen

Für die Frikadellen:

200 g	Kartoffeln
1	Zwiebel
4	Knoblauchzehen
	Öl zum Braten
2 Scheiben	Toastbrot
700 g	Saiblingsfilet, zwei Mal durch den Fleischwolf gedreht (alternativ Karpfen)
1 EL	Petersilienblätter, gehackt
1 EL	Koriandergrün, gehackt
	Meersalz
	frisch gemahlener schwarzer Pfeffer
	Saft von 1 Zitrone
	Semmelbrösel zum Wälzen

Für die Sauce:

½	Zwiebel
3 EL	Olivenöl
2	Knoblauchzehen
1	rote Paprikaschote
3	Karotten
300 g	Butternut-Kürbis
1 TL	Paprikapulver edelsüß
1 TL	Paprikapulver scharf
6-7 EL	Weißwein
400 g	geschälte Tomaten aus der Dose (oder im Sommer 8 frische Tomaten, gerieben)
¼ l	Hühnerbrühe
½ TL	Zucker
	Meersalz
	frisch gemahlener schwarzer Pfeffer
1 TL	gemahlener Kreuzkümmel
2	rote Chilischoten
	etwas Koriandergrün, gehackt

Kartoffeln waschen und in Wasser 15 Minuten kochen. Kartoffeln abgießen, pellen und grob reiben, dann die restliche Flüssigkeit ausdrücken.

Zwiebel und Knoblauch abziehen und klein schneiden. In einer Pfanne Öl erhitzen. Zwiebel und Knoblauch darin 5 Minuten goldgelb anbraten.

Toastbrot entrinden und fein würfeln. In einer Schüssel das zerkleinerte Saiblingsfilet mit Kartoffeln, Zwiebeln, Knoblauch, Petersilie, Koriander, etwas Salz, Pfeffer, Zitronensaft und Toastbrot verrühren und abgedeckt 1 Stunde im Kühlschrank kühl stellen. Anschließend noch mal abschmecken.

Aus der Masse kleine Frikadellen von 3 Zentimeter Durchmesser formen und in den Semmelbröseln wälzen. In einer Pfanne wenig Öl erhitzen und die Frikadellen darin von jeder Seite anbraten, herausnehmen und zum Entfetten auf Küchenpapier legen.

Für die Sauce die Zwiebel abziehen und in Ringe schneiden. Das Olivenöl erhitzen und darin die Zwiebel anbraten.

Knoblauch abziehen und in Scheiben schneiden. Paprikaschote mit dem Sparschäler schälen, putzen und in Streifen schneiden. Die Karotten schälen und in 3 Zentimeter dicke Scheiben schneiden. Kürbis waschen, putzen und würfeln. Knoblauch, Paprika, Karotten und Kürbis zu den Zwiebeln geben und ohne Farbe anbraten.

Die Hitze reduzieren, beide Sorten Paprikapulver hinzufügen, alles mit Weißwein ablöschen und etwas einkochen lassen. Die Tomaten samt Saft sowie die Hühnerbrühe zugeben und 10 Minuten köcheln lassen. Das Gemüse mit Zucker, Salz, Pfeffer und Kreuzkümmel würzen. Abschmecken.

Chilischoten waschen, längs halbieren und die Kerne entfernen. Chili fein würfeln. Die Gemüsesauce mit Chili und Koriandergrün bestreuen und zusammen mit den Fischfrikadellen servieren.

HAYAS TIPP: „Gefilte Fisch", wie man auf Jiddisch sagt, ist eine Vorspeise, die zu besonderen Gelegenheiten serviert wird, also am Schabbat oder an Feiertagen wie Pessach, dem jüdischen Osterfest, bei dem wir Juden die Befreiung der Israeliten aus der Sklaverei feiern. Es zählt zu den ältesten israelischen Gerichten, angeblich geht seine Tradition bis ins Mittelalter zurück. Bei der herkömmlichen Zubereitung verwendet man sehr fette Fische wie Hecht oder Karpfen. Ich finde es zeitgemäßer, mit Saibling zu arbeiten, da die weiteren Zutaten ohnedies reichhaltig genug sind. In seiner traditionellen Zubereitung, die aus dem östlichen Raum Europas, also von den aschkenasischen Juden her stammt, schmeckt mir persönlich der Gefilte Fisch etwas zu süß. Da mein Mann aus Spanien stammt, habe ich eine mediterrane Variante dieses Klassikers entwickelt. An Pessach verwende ich außerdem keine Semmelbrösel als Bindemittel, sondern Mazzemehl-Brösel.

Blumenkohl im Ganzen serviert mit Olivenöl

S. 112

Für 4 Portionen

1	sehr großer oder
4	kleine ganz frische(r) Blumenkohl(e)
	Meersalz
	frisch gemahlener schwarzer Pfeffer
	Olivenöl

Nur die äußere Schicht der Blätter des Blumenkohls ablösen. Einen Topf mit Wasser füllen und zum Kochen bringen. Reichlich Salz hinzufügen. Dann den Blumenkohl kopfüber ins Wasser geben, sodass die Blätter oben sind. 10 bis 15 Minuten bissfest kochen.

Backofen auf 220 bis 240 °C vorheizen. Ein Backblech mit Backpapier auslegen.

Blumenkohl aus dem Wasser nehmen und abtrocknen. Blumenkohl salzen, pfeffern und mit Olivenöl bestreichen. Blumenkohl auf das Backblech legen und im Ofen solange backen, bis er goldgelb und fast verbrannt ist.

Den Blumenkohl im Ganzen servieren und gemeinsam auslöffeln.

HAYAS TIPP: Wem diese Zubereitungsvariante zu puristisch ist: Zum Blumenkohl schmeckt sehr gut die Spicy Tahina-Sauce (siehe Rezept Seite 72) oder eine Tomatensalsa (siehe Seite 124) mit Sauerrahm.

Spinat-Hummus-Laibchen

S. 114

Für 4 Portionen

3	Frühlingszwiebeln
	Öl zum Braten
1	Knoblauchzehe
200 g	frischer Babyspinat
	Meersalz
500 g	Kichererbsen (aus der Dose)
	frisch gemahlener schwarzer Pfeffer
1 TL	gemahlener Kreuzkümmel
1 TL	gemahlene Kurkuma
3 Scheiben	Toastbrot
2	Eier
25 g	Misopaste
3-4 EL	Semmelbrösel
2	Zitronen

Frühlingszwiebeln waschen, putzen und klein schneiden. In einer Pfanne in heißem Öl goldbraun anbraten. Knoblauch abziehen und dazupressen.

Spinat waschen, gründlich trockenschwenken und zu den Zwiebeln in die Pfanne geben. Spinat zusammenfallen lassen, leicht salzen, herausnehmen, auf einem Teller ausbreiten und im Kühlschrank herunterkühlen.

Kichererbsen abgießen und mit kaltem Wasser abbrausen. Kichererbsen in einem Sieb abtropfen lassen und dann mit einer Gabel zerdrücken. Zusammen mit dem Spinat in eine Schüssel geben. Etwas Pfeffer, Kreuzkümmel und Kurkuma hinzufügen.

Toastbrot entrinden und klein würfeln. Toastbrot, Eier und Misopaste zur Spinat-Kichererbsen-Mischung geben, alles gründlich vermengen. 30 Minuten im Kühlschrank kalt stellen.

Aus dem Teig kleine Laibchen formen, in den Semmelbröseln wälzen und beidseitig in Öl anbraten. Zum Entfetten auf Küchenpapier legen.

Die Zitronen vierteln und zu den Spinat-Hummus-Laibchen servieren.

Israelische Hühnersuppe von meiner Mami

S. 115

Für 8 Portionen

1	ganzes Suppenhuhn
1½ kg	Putenhals
1	große Zwiebel
1	Lauchstange
2	Karotten
1	Fenchelknolle
1	Petersilienwurzel
1	Sellerieknolle
1 Stange	Staudensellerie
2	Knoblauchzehen
	Meersalz
	frisch gemahlener schwarzer Pfeffer
3	Pimentkörner
½ TL	Fenchelsamen
2	Lorbeerblätter
1 Bund	Petersilie
1 Bund	Dill

Huhn und Putenhals waschen und zerteilen. Die Fleischstücke in einen großen Topf geben, mit 3 Liter kaltem Wasser bedecken und zum Kochen bringen. Den aufsteigenden Schaum abschöpfen.

Zwiebel waschen und halbieren. In eine heiße Pfanne ohne Öl mit den Schnittflächen nach unten geben und so lange braten, bis die Schnittflächen fast schwarz geröstet sind.

Lauchstange waschen und grob zerteilen. Karotten waschen, putzen und in grobe Würfel schneiden. Fenchelknolle waschen, putzen und halbieren. Petersilienwurzel waschen, putzen und halbieren. Sellerieknolle schälen, waschen und in grobe Würfel schneiden. Staudensellerie waschen, putzen und halbieren.

Zwiebelhälften, Lauch, Karotten, Fenchel, Petersilienwurzel, Sellerie und die ungeschälten Knoblauchzehen in die Suppe geben. Etwas Salz, Pfeffer, Piment, Fenchelsamen und Lorbeerblätter hinzufügen und die

Suppe 2 Stunden köcheln lassen, dabei immer wieder den aufsteigenden Schaum abschöpfen. Anschließend die Suppe durch ein Sieb abgießen.

Petersilie und Dill waschen und trockenschütteln. Petersilienblätter zupfen und klein schneiden. Dillspitzen abzupfen und klein schneiden. Zum Schluss die Kräuter in die Suppe geben. Abschmecken.

HAYAS TIPP: Wenn man das Fleisch des Huhns auch genießen will, muss man es nach 1 Stunde herausnehmen, das Fleisch von den Knochen lösen, die Knochen zurückgeben und weiterkochen lassen, dann gegen Ende der Garzeit das Fleisch in der Suppe kurz erwärmen. Auf diese Art vermeidet man nämlich, dass das Fleisch zerkocht.

Zusätzlich gebe ich zur Suppe gerne auch Hühnerkämme und Hühnerfüße – sie verleihen der Suppe einen noch intensiveren Geschmack und durch die austretende Gelatine die richtige Bindung.

Noch besser kann man das Fett abschöpfen, wenn die Suppe erkaltet ist.

In Samys Familie – also bei seinen spanischen Vorfahren – gab man zusätzlich 1 ganze geriebene Tomate, etwas Knoblauchconfit (siehe Seite 49) und 1 Teelöffel Kurkuma oder ein paar Safranfäden in die Suppe.

Notizen

Tag

6

Kochen mit Nuriel & Nadiv

131

Unser Familienleben war für mich immer eng mit Kochen und Essen verknüpft. Denn wo kommt eine Familie am ehesten zusammen? Rund um den Esstisch natürlich! Als ich im Alter von neun Jahren gemeinsam mit meinen Eltern von Israel nach Deutschland zog, erschien mir mein neues Leben anfänglich sehr fremd. Was mir vertraut blieb, war die Küche meiner Mutter. Wenn ich also von der Schule nach Hause kam und der Duft ihrer Speisen die Straße erfüllte, empfand ich eine wohlige innere Wärme.

Ich durfte stets meine Freunde mit nach Hause bringen, und meine Mutter hat uns mit ihren Köstlichkeiten verwöhnt. Genauso habe ich es später für meine Jungs gemacht. Dieses Gefühl des Gut-Aufgehobenseins wollten mein Mann Samy und ich auch unbedingt unseren Söhnen weitergeben. Ich bin davon überzeugt, dass Essen verbindet. In meinen Lokalen ermutige ich meine Köche, die aus unterschiedlichsten Ländern stammen, dazu, Gerichte ihrer Mütter zuzubereiten. Oft ist das ein einziges Balagan – aber es gibt ihnen, so wie mir einst als Neunjährige, ein Gefühl von Akzeptanz und Heimat in der Ferne.

Winterliches Wurzelgemüse mit Pecorino

Hühnerbollitos mit Granatapfel

Rote
Linsensuppe
mit Mangold

Backkartoffeln mit Raucharoma

Quinoa-Kürbis-Laibchen mit Kokos-Curry-Sauce

Haya am Souk
(arabischer Markt)

HAYAS
TIPP: Pastilla ist ein typisch marokkanisches Gericht, das meistens süß gefüllt wird. Ich fülle den Filoteig aber lieber herzhaft mit Hähnchenfleisch. Durch die Gewürze und Zutaten, die ich hier verwende, hat das Gericht ein ganz typisches orientalisches Aroma.

Die Filoteigblätter bestreiche ich einzeln mit flüssiger Butter und lege sie dann übereinander. Dadurch wird das Ganze so knusprig.

140

Pastilla mit
Hähnchenfleischfüllung

Lachsforelle in Knoblauchkaramell, Soja und Dattelsirup

In der jüdisch-irakischen Küche ist Dattelsirup das Süßungsmittel schlechthin, und in der modernen israelischen Küche wird er für Fleischgerichte oder Salatdressings und auch in Kombination mit Tahina verwendet. In Israel wird Dattelsirup Silan genannt. Der Irak ist der größte Produzent von Dattelsirup. Ich selber verwende Dattelsirup oft und gerne in meiner Küche – häufiger als Honig oder Ahornsirup.

In der veganen Ernährung ist er sehr beliebt, weil er ein guter Ersatz für Honig ist. Der beste Dattelsirup ist der ungesüßte, dieser ist aber auch viel teurer. Daher ist es besser, ihn selbst herzustellen. Er ist allerdings nicht so konzentriert wie der gekaufte, deshalb sollte man ihn länger einkochen lassen.

Dattelsirup

Ein liebevoll gedeckter Tisch zeigt, dass man eine Freude daran hat, seine Gäste zu verwöhnen. Ich empfinde bereits dieses Schmücken und Platzieren von Tellern, Gläsern, Besteck und schön dazu passenden Servietten als beglückend. Es ist Ausdruck der Vorfreude und zeigt, dass man sich Gedanken über seine Freunde und Bekannten macht.

6 Winterliches Wurzelgemüse mit Pecorino

S. 135

Minze waschen, trockenschütteln, die Blätter abzupfen und klein schneiden. Vor dem Servieren das Gemüse mit Minze und Pecorino bestreuen.

Hühnerbollitos mit Granatapfel

S. 136

Für 4 Portionen

2	Karotten
2	gelbe Rüben
1	Pastinake
1	Petersilienwurzel
2	Rote Beten
2	Artischocken
8	Schalotten
8	Radieschen
1	ganze Knoblauchknolle mit Schale
60 g	geklärte Butter (Ghee)
2 EL	Olivenöl
	Meersalz
¼ TL	rotes Currypulver
½ TL	gemahlene Kurkuma
4-5	Thymianzweige
1 Bund	Minze
100 g	Pecorino, gerieben

Backofen auf 200 °C vorheizen. Urkarotten, gelbe Rüben, Pastinake, Petersilienwurzel und Rote Beten gründlich unter fließendem Wasser abbürsten. Alles in etwa gleich große Stücke schneiden.

Artischocken waschen und halbieren. Die Schalotten abziehen. Die Radieschen waschen und putzen. Die Koblauchknolle einmal quer durchschneiden.

In einem Topf die geklärte Butter und das Öl erhitzen und das ganze Gemüse und den Knoblauch hineingeben. Salz, Currypulver, Kurkuma und Thymianzweige hinzufügen. Alles mischen.

Den Topf mit Alufolie bedecken, auf ein Backblech stellen und das Gemüse 40 Minuten im heißen Ofen backen. Die Alufolie entfernen, und das Gemüse 20 Minuten weiter garen, bis es eine schöne Farbe bekommt.

Für 5 Portionen

Für die Bollitos:

1	mittelgroße Kartoffel
500 g	Hühnchenhackfleisch
100 g	Petersilie
1	Ei
5 EL	Grieß oder Semmelbrösel oder 2 Scheiben Weißbrot in Milch oder Wasser eingelegt und gut ausgedrückt
	Meersalz
	frisch gemahlener schwarzer Pfeffer

Für die Sauce:

1	große Zwiebel
2	Topinamburknollen
1	Karotte
½	Sellerieknolle
1 EL	Koriandersamen
	Öl
3 EL	Granatapfelsirup
250 ml	Granatapfelsaft
350 ml	Hühnerbrühe
	Meersalz
	frisch gemahlener schwarzer Pfeffer

Für die Bollitos die Kartoffel schälen und mittelgrob reiben. Hühnchenhackfleisch und Kartoffelraspel in eine Schüssel geben. Petersilie waschen, die Blätter zupfen, waschen und klein schneiden.

Petersilie, das Ei und den Grieß in die Schüssel geben und alle Zutaten miteinander vermischen. Mit Salz und Pfeffer abschmecken. Den Fleischteig abgedeckt 4 Stunden im Kühlschrank ruhen lassen.

Für die Sauce die Zwiebel abziehen und klein schneiden. Topinambur und Möhre schälen. Sellerie waschen.

Topinambur, Möhre und Sellerie in Würfel schneiden. Koriandersamen in einer Pfanne ohne Fett anrösten und anschließend zerstoßen.

In einem Topf Öl erhitzen und darin das vorbereitete Gemüse und die Zwiebeln anbraten. Dann den Granatapfelsirup zugeben und rühren, bis das Gemüse leicht karamellisiert ist. Den Granatapfelsaft, die Hühnerbrühe und die zerstoßenen Koriandersamen zugeben.

Die Hühnerbollitos in die Sauce einlegen und einmal aufkochen. Dann die Temperatur reduzieren und 20 Minuten köcheln lassen. Die Sauce mit Salz und Pfeffer abschmecken.

HAYAS TIPP: Als Dekoration verwende ich gerne Granatapfelkerne und frisches Koriandergrün oder Petersilie.

Rote Linsensuppe mit Mangold S. 137

Für 4 Portionen

1	Zwiebel
2	Knoblauchzehen
2 EL	Olivenöl zum Braten
250 g	rote Linsen
1 l	Gemüsefond
1 TL	Koriandersamen
1 TL	Paprikapulver
1 TL	gemahlener Kreuzkümmel
¼	eingelegte Salzzitrone (siehe Seite 92), gehackt
2 EL	Dattelsirup
200 ml	Olivenöl
	Salz
	frisch gemahlener schwarzer Pfeffer
4 Blätter	Mangold

Zwiebel und Knoblauch abziehen und hacken. In einem Topf im heißen Öl anbraten. Die Linsen zugeben und kurz mit anschwitzen. Dann das Ganze mit dem Gemüsefond aufgießen, aufkochen und anschließend bei mittlerer Hitze ca. 20 Minuten köcheln lassen.

Wenn die Linsen gar sind, das Ganze in den Mixer geben, mit den Gewürzen, dem Dattelsirup und dem Olivenöl pürieren. Mit Salz und Pfeffer abschmecken.

Die Suppe wieder auf den Herd geben und erhitzen. Mangoldblätter waschen, trocknen und klein schneiden. Die Mangoldstücke in die Suppe geben und nur kurz mit erhitzen, anschließend sofort servieren.

Backkartoffeln mit Raucharoma S. 138

Für 4 Portionen

1 kg	kleine Kartoffeln (z.B. La Ratte)
100 g	Hühnerbrust (alternativ Speck)
4	Knoblauchzehen
2 EL	Olivenöl
1 TL	geräuchertes Paprikapulver (aus dem türkischen oder arabischen Lebensmittelladen)
¼ TL	Paprikapulver scharf
	Meersalz
	frisch gemahlener schwarzer Pfeffer
2 EL	frische Kräuter, gehackt

Backofen auf 180 °C vorheizen. Ein Blech mit Backpapier auslegen.

Kartoffeln waschen und etwa 15 Minuten dämpfen. Die Hühnerbrust in feinste Würfel schneiden. Knoblauch abziehen und in Scheiben schneiden.

Kartoffeln, Olivenöl, beide Sorten Paprikapulver, Knoblauch, etwas Salz und Pfeffer mischen. Die Kartoffeln mit der Hand leicht zerdrücken.

Die zerdrückten Kartoffeln nebeneinander auf dem Blech ausbreiten, die Hühnerfleischwürfel darauf verteilen und alles 30 Minuten im heißen Ofen backen, bis die Kartoffeln goldbraun sind. Vor dem Servieren die Kräuter untermengen.

HAYAS TIPP: Verwenden Sie unbedingt geräuchertes Paprikapulver. Es ist besonders intensiv und verleiht diesem Gericht daher das gewisse Etwas.

Quinoa-Kürbis-Laibchen mit Kokos-Curry-Sauce

S. 139

Für 8 Portionen

200 g	Quinoa
	Meersalz
250 g	Kürbis
125 g	TK-Erbsen
1	Knoblauchzehe
2	grüne Chilischoten
2	Eier
½ TL	Currypulver
½ TL	Ingwer, gehackt
125 g	Semmelbrösel
125 g	Parmesan, gerieben
	Öl zum Frittieren

Zum Panieren:

	Mehl
2	Eier
	Panko-Mehl

Für die Sauce:

1	mittelgroße Zwiebel
1	Knoblauchzehe
	Olivenöl zum Braten
20 g	Currypulver
100 ml	Wermut (z.B. Noilly Prat)
400 ml	Kokosmilch
1 TL	grüne Chiliwürfel
	Meersalz
	frisch gemahlener schwarzer Pfeffer
	Zitronensaft

Quinoa unter fließendem Wasser in einem Sieb abspülen. In einen Topf geben, mit 200 Milliliter gesalzenem Wasser bedecken und 12 Minuten kochen. Quinoa anschließend abkühlen lassen.

Kürbis schälen, die Kerne entfernen und den Kürbis in wenig Wasser gar kochen oder dämpfen. Anschließend pürieren. Die Erbsen in Salzwasser 3 Minuten kochen und anschließend in Eiswasser abschrecken (so bleiben sie nämlich schön grün!).

Knoblauch abziehen und klein schneiden. Chilischoten waschen, längs halbieren und die Kerne entfernen. Chilischoten fein würfeln.

Quinoa, Kürbispüree, Erbsen, Knoblauch und Chiliwürfel in eine Schüssel füllen. Eier, Currypulver, Ingwer, Semmelbrösel und Parmesan zugeben und alles vermischen.

Aus dem Teig kleine Laibchen formen und zuerst in Mehl, dann in verquirltem Ei und zuletzt in Panko-Mehl wenden. Reichlich Öl in einem Topf erhitzen und darin die Quinoa-Kürbis-Laibchen bei 180 °C frittieren.

Für die Sauce Zwiebel sowie Knoblauchzehe abziehen und klein würfeln. Olivenöl erhitzen und darin Zwiebel sowie Knoblauch kurz anbraten, sodass diese noch keine Farbe annehmen. Zwiebelmischung mit Currypulver bestäuben, mit Wermut ablöschen und etwas einkochen lassen. Kokosmilch hinzufügen und wieder einkochen lassen.

Die Sauce mit gewürfeltem Chili, Salz, Pfeffer und Zitronensaft abschmecken. Die Sauce mit dem Pürierstab pürieren und durch ein Sieb streichen – anschließend zu den Quinoa-Kürbis-Laibchen servieren.

Pastilla mit Hähnchenfleischfüllung

S. 141

Für 8 Portionen

500 g	gekochtes Hähnchenfleisch (z.B. aus der Hühnersuppe Seite 128)
2	rote Zwiebeln
3–4	Knoblauchzehen
	Sonnenblumenöl zum Braten
1 EL	geklärte Butter (Ghee)
1	Frühlingszwiebel
2	kleine rote Chilischoten
½ TL	gemahlener Kreuzkümmel
½ TL	gemahlene Kurkuma
½ TL	Currypulver
20 g	frischer Ingwer
½ Bund	Koriander
2 EL	Cranberrys
200 ml	Hühnerbrühe
1 EL	Salz
2 EL	Granatapfelmelasse (oder -sirup)
	zerlassene Butter für die Form und zum Bestreichen
4–8	große Filoteigblätter

Hähnchenfleisch mit den Händen in kleine Stücke zupfen. Zwiebeln und Knoblauch abziehen und hacken.

Öl und geklärte Butter in einem Topf erhitzen. Knoblauch und Zwiebeln darin anbraten. Frühlingszwiebel waschen, putzen und klein schneiden. In den Topf geben.

Fleisch in den Topf geben. Chilischoten waschen, längs halbieren, bei Bedarf die Kerne entfernen und die Schoten klein schneiden. Gewürze zugeben. Ingwer schälen, hacken und ebenfalls mitbraten.

Koriander waschen, trockenschwenken, klein schneiden und mit den Cranberrys unterrühren. Mit Hühnerbrühe ablöschen. Mit Salz und Granatapfelmelasse würzen.

Eine runde Backform mit Butter ausstreichen. Filoteigblätter auf einem Küchentuch ausbreiten, die Filoteigblätter jeweils vor Verwendung mit einem Pinsel mit Butter bestreichen. Die Form mit 4 Filoteigblättern auslegen. Die Füllung daraufgeben. Mit 4 Filoteigblättern bedecken, am Rand die Blätter überschlagen, damit die Füllung eingeschlossen ist.

Pastilla im heißen Ofen bei 180 °C ca. 30 Minuten goldbraun ausbacken.

HAYAS TIPP: Die Füllung schmeckt auch toll als Aufstrich. Man muss sie allerdings dafür abkühlen lassen und mit ca. 100 Gramm Joghurt fein pürieren. Noch mal abschmecken und bei Bedarf nachwürzen.

Lachsforelle in Knoblauchkaramell, Soja und Dattelsirup

S. 142/143

Für 4 Portionen

1	rote Chilischote
20 g	frischer Ingwer
3	Knoblauchzehen aus dem Rezept Knoblauchconfit (siehe Seite 49)
6 EL	Dattelsirup
4 EL	Sojasauce
4 TL	brauner Zucker
4	Lachsforellenfilets mit Haut à 100 g Butter oder Olivenöl zum Braten

Die Chilischote längs aufschneiden. Ingwer schälen und fein reiben. Knoblauch, Chili, Ingwer, Dattelsirup, Sojasauce, Zucker und 100 Milliliter Wasser in einem Topf zum Kochen bringen und etwas einkochen lassen.

Die Fischfilets kalt abspülen und trockentupfen. Die Forellenfilets auf der Hautseite 4 bis 5 Minuten anbraten, dann wenden und nochmals eine halbe Minute braten.

Den Fisch auf Tellern anrichten, die Sauce darüberträufeln und servieren.

HAYAS TIPP: Mit ein paar Röschen blanchiertem Brokkoli oder 3 bis 4 Stangen grünem Spargel serviert, ergibt die Lachsforelle eine exzellente Vorspeise. Lachsforellen sind Süßwasserfische. Ihr Eigengeschmack ist sehr fein und fast fleischig. Deshalb eignet sich Butter fast besser zum Braten dieses Fisches als Olivenöl. Lachsforellen sind fetter und saftiger als Bachforellen und sehen darüber hinaus mit ihrem rosafarbenen Fleisch auch hübscher aus. Der Dattelsirup verleiht dem Gericht eine betonte Note, ohne dass er den Fisch mit seinem Aroma sozusagen „ertränkt". Er ist eine Art Teriyaki auf Basis von Dattelsirup.

Dattelsirup

S. 143

Für 1 kleines Einweckglas (400 ml)

500 g	entkernte Datteln
1	Mulltuch
	nach Wunsch Kardamomkapseln, Zimtstange, Sternanis und/oder Vanilleschote

Die Datteln mit ¾ Liter Wasser aufkochen und 20 Minuten kochen lassen, bis eine dicke und gleichmäßige Masse entsteht.

Ein Sieb mit dem Mulltuch auslegen und in einen zweiten Topf hängen. Die Dattelmasse in das Sieb gießen. Den Stoff samt Datteln aus dem Sieb herausnehmen und über dem Topf ausdrücken, bis keine Flüssigkeit mehr herauskommt.

Den Sirup bei geringer Hitze erwärmen und dickflüssig einkochen. Währenddessen immer wieder gut umrühren. Der Sirup sollte einen Film an einem Holzlöffel hinterlassen. Je länger der Sirup kocht, desto dickflüssiger wird er. In dieser Phase kann man, je nach Wunsch, Gewürze hinzufügen: Kardamomkapseln, Zimtstange, Sternanis oder Vanilleschote.

Wer es nicht zu intensiv haben möchte, sollte die Gewürze bei Bedarf entfernen und dann erst den Sirup in das Einmachglas füllen. Der Sirup lässt sich bis zu 6 Monate im Kühlschrank aufbewahren.

HAYAS TIPP: Das Fruchtfleisch nicht wegwerfen – man kann es z.B. zum Backen verwenden. Ich mische es mit grob gehackten Walnüssen, streiche die Masse auf dünne Strudelteigblätter und rolle diese zu einem Strudel zusammen. Dann ab aufs Backblech und in den Ofen: Nach 20 Minuten auf 160 °C haben Sie Ihren fertigen Dattelstrudel. Etwas Crème fraîche oder Sauerrahm mit Puderzucker und frischem Vanilleextrakt aus der Schote gut verrühren und als Beilage servieren – schon ergibt dies ein perfektes Dessert.

Notizen

Notizen

Tag

7

Chatifim:
Kleine <u>Snacks</u>
zum
Mitnehmen

Falafel

Falafel sind orientalisches Fingerfood. Es handelt sich dabei um frittierte Bällchen, die auf Basis von Bohnen, Kichererbsen oder Süßkartoffeln zubereitet und mit Gewürzen und Kräutern sowie anderen Zutaten (pürierter Fisch, Käse u. a.) in unterschiedlichste Geschmacksrichtungen gebracht werden.

In Israel findet man zahlreiche Falafel-Stände, so, wie es in Deutschland oder Österreich Wurstbuden gibt. Falafel sind ein kleiner Imbiss, den man zwischendurch und zu jeder Tageszeit zu sich nimmt.

Asiatische
Kartoffelwedges

Kartoffelwürfel
Massala

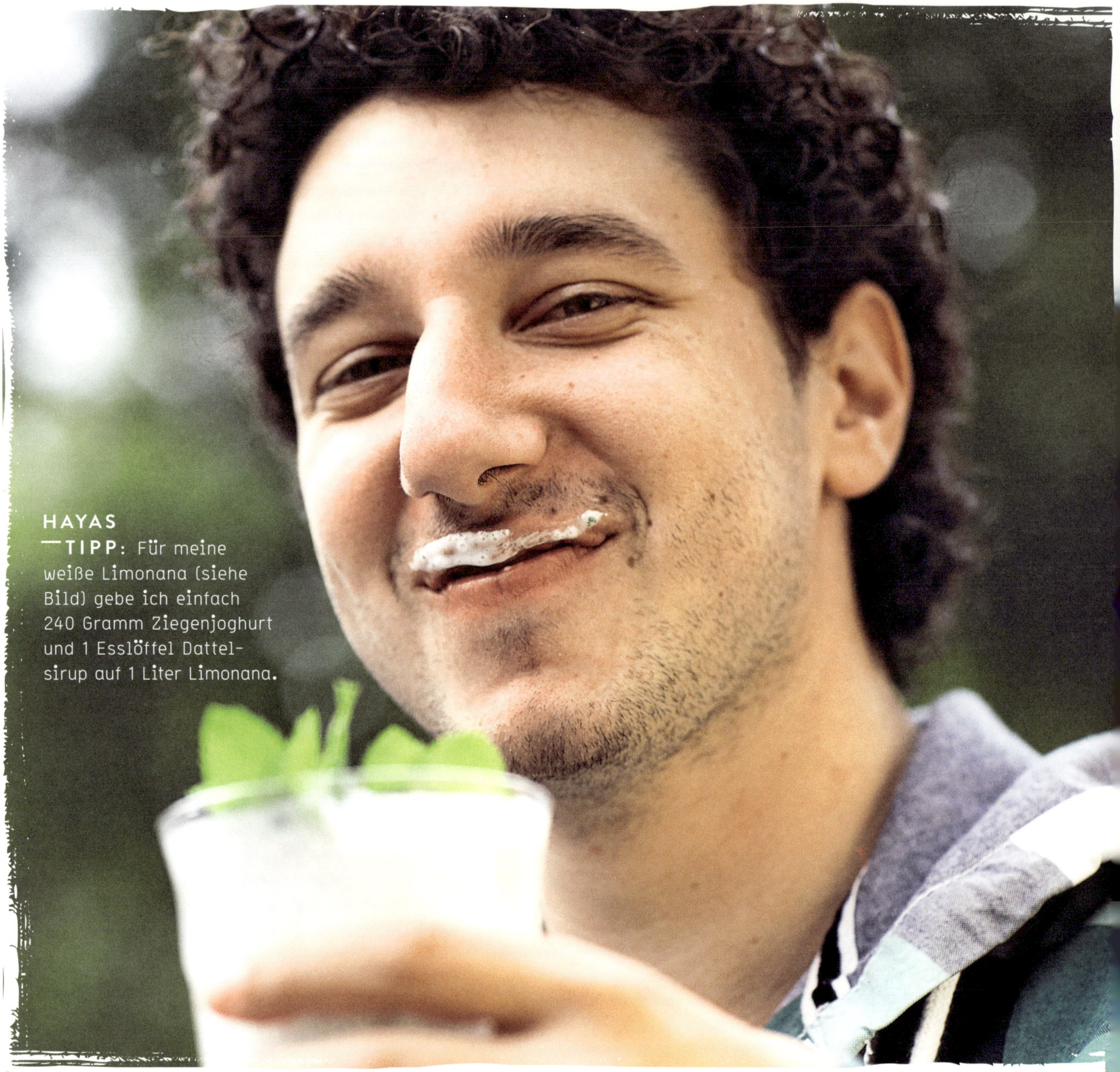

Limonana

Für 8 Portionen

12 EL	brauner Zucker
2 Handvoll	Minzeblätter
	Saft von 4 Zitronen
	Saft von 2 Limetten
12	Eiswürfel

Den Zucker in 1 ½ Liter Wasser auflösen. Minzeblätter in ein hohes Rührgefäß geben. Zitronen- und Limettensaft sowie die Eiswürfel hinzufügen.
Alles kurz bei voller Leistung durchmixen. Das Zuckerwasser hinzufügen
und so lange bei voller Leistung mixen, bis alle Minzeblätter glatt püriert
und keine Stückchen mehr zu erkennen sind.

Was den Amerikanern ihr Coca Cola, ist für die Israelis die Limonana. Sie wird aus frischem Zitronensaft, Minzeblättern (auf Hebräisch „Nana") und Sodawasser hergestellt. Man trinkt sie literweise, denn was die meisten nicht wissen: Zitrone ist basisch und brennt daher – entgegen der geläufigen Meinung – keine Löcher in den Magen. Die Limonana ist bei NENI der Hauscocktail, deshalb servieren wir sie abends auch als Longdrink. Zum Beispiel als „Ginonana" mit etwas Gin oder als „Limonarak" mit etwas Arak.

Polentaecken
mit Kreuzkümmel und Chili

—**TIPP:** Polenta passt, ähnlich wie Kartoffelpüree, als Beilage zu fast allen Gerichten. Sie wird aus Maisgrieß hergestellt, den man langsam in kochendes Salzwasser einrührt. Und sie ist kapriziös, denn sie will mitunter bis zu einer Stunde lang gerührt werden, um schön sämig zu sein. Deshalb empfehle ich, gleich größere Mengen herzustellen: Man kann sie, wenn sie getrocknet ist, in Blöcke schneiden und einfrieren. Je nach Bedarf taut man sie auf, schneidet sie in Scheiben und brät sie an.

Polentamuffins mit getrockneten Tomaten, Oliven und Pesto

Geröstete Nüsse

Geröstete
Erdnüsse
mit Fenchel
und Chili

Geröstete Cashew-
kerne mit Curry
und Knoblauch

Geröstete
Haselnüsse mit
Senfpulver und
Thymian

Geröstete Walnüsse
mit Kreuzkümmel und Chili

NENI am Tisch Eiscreme!

Ich liebe es, mit Familie und Freunden an einem großen Tisch zu sitzen. Diese Lebendigkeit und Spontaneität – das mag ich auch am orientalischen Essen. Etwas von diesem Lebensgefühl bringt NENI am Tisch zu Ihnen nach Hause.

HAYAS

TIPP: Unser NENI-Eis, das in Österreich ab sofort bei den Spar-Supermärkten erhältlich ist, lässt sich gut mit anderen Desserts kombinieren. Das Kaffee-eis passt hervorragend zum Dattelstrudel. Und an besonders heißen Sommertagen serviere ich das Limonana-Eis mit einem Schuss Prosecco.

Erhältlich in allen NENI-Filialen und in allen **SPAR** **EUROSPAR** **INTERSPAR** Märkten.

7 Rote Falafel
S. 154

Grüne Falafel *S. 154*

Für 4 Portionen

125 g	Kichererbsen
125 g	rote Linsen
3	Knoblauchzehen
4	Frühlingszwiebeln
2	rote Paprikaschoten
2	Chilischoten
1 Bund	Koriander
1 TL	Currypulver
1 TL	gemahlener Kreuzkümmel
2 Messersp.	Backpulver
2 EL	Semmelbrösel
	Salz, Öl zum Frittieren

Kichererbsen und Linsen mindestens 8 Stunden, besser noch über Nacht, in kaltem Wasser einweichen.

Am nächsten Tag Wasser abgießen und Kichererbsen und Linsen gut abspülen. Knoblauch abziehen, Zwiebeln waschen und putzen, beides klein schneiden. Paprika waschen, putzen und in kleine Stücke schneiden.

Chilischoten waschen, längs halbieren, nach Wunsch die Kerne entfernen (in den Kernen liegt nämlich die Schärfe!) und die Schoten klein schneiden. Koriander waschen, trockenschwenken und fein schneiden.

Alle Zutaten mit einem Fleischwolf pürieren und die Masse mit Salz abschmecken. Der Teig sollte stets feucht bleiben.

In einem Topf das Öl auf ca. 170 °C erhitzen. Aus der Masse zur Probe ein kleines Bällchen oder Nockerl formen. Dies tut man am besten mit einem Löffel. Etwas Teig herausstechen und mit einem zweiten, gleich großen Löffel fest zusammendrücken und formen. Die Falafel im heißen Fett goldbraun backen. Auf Küchenpapier abtropfen lassen und probieren: Bei Bedarf noch nachwürzen – oder, wenn die Falafel zu weich sind, noch etwas Brösel beigeben.

Wenn alles passt, aus der restlichen Masse kleine Bällchen oder Nockerln formen und im heißen Öl ausbacken.

Für 4 Portionen

125 g	getrocknete Kichererbsen
125 g	getrocknete grüne Erbsen
4	Knoblauchzehen
4	Frühlingszwiebeln
2	grüne Paprikaschoten
2	kleine grüne Chilischoten
1 Bund	Koriander
½ Bund	Petersilie
1 EL	Currypulver (Madras)
1 EL	gemahlener Kreuzkümmel
2 EL	Semmelbrösel
2 Messersp.	Backpulver
	Salz
	Öl zum Frittieren

Kichererbsen und Erbsen mindestens 8 Stunden, besser noch über Nacht, in kaltem Wasser einweichen.

Am nächsten Tag Wasser abgießen und Kichererbsen und Erbsen gut abspülen. Knoblauch abziehen, Zwiebel waschen und putzen, beides klein schneiden. Paprika waschen, putzen und in kleine Stücke schneiden.

Chilischoten waschen, längs halbieren, nach Wunsch Kerne entfernen (in den Kernen liegt nämlich die Schärfe!) und die Schoten klein schneiden. Koriander und Petersilie waschen, trockenschwenken und fein schneiden.

Die vorbereiteten Zutaten ohne Gewürze mit einem Fleischwolf pürieren. Die Masse mit den Gewürzen, den Semmelbröseln und Backpulver vermischen, mit Salz abschmecken. Der Teig sollte stets feucht bleiben.

In einem Topf das Öl auf ca. 170 °C erhitzen. Aus der Masse zur Probe ein kleines Bällchen oder Nockerl formen. Dies tut man am besten mit einem Löffel. Etwas Teig herausstechen und mit einem zweiten, gleich großen Löffel fest zusammendrücken und formen. Die Falafel im heißen Fett goldbraun backen. Auf Küchenpapier abtropfen lassen und probieren: Bei Bedarf noch nachwürzen oder, wenn die Falafel zu weich sind, noch etwas Brösel beigeben.

Wenn alles passt, aus der restlichen Masse kleine Bällchen oder Nockerln formen und im heißen Öl ausbacken.

Infos:

Viele kennen Falafel auch in der Sandwich-Variante (siehe Seite 152/153): Dazu muss man ein Pita-Brot auf einer Seite aufschneiden, mit geschnittenem Salat, eventuell Zwiebeln und/oder Tomatenscheiben und den Falafeln füllen. Zum Schluss etwas Tahina und Hummus über die Falafel streichen, das Brot zusammenklappen und in Hamburger-Manier mit den Händen essen. Achten Sie bloß darauf, dass Sie ausreichend Servietten bei sich haben!

—

HAYAS TIPP: Falafel ist ein tolles Rezept, das sich ganz einfach variieren lässt: Man kann sie auch mit schwarzen Linsen und Ziegenkäse, aus Hühnerfleisch oder aus Thunfisch und Kartoffeln zubereiten.
Der Falafel-Teig lässt sich gut vorbereiten, man kann ihn im Kühlschrank 2 bis 3 Tage aufbewahren.
Beachten Sie jedoch, dass das Backpulver erst am Verarbeitungstag unter den Teig gemischt werden darf!

Asiatische Kartoffelwedges

S. 156

Für 4 Portionen

6	Kartoffeln
5	Knoblauchzehen
2 EL	Öl
4 EL	Sesamöl
4 EL	süße Chilisauce
4 EL	Mirin (süßer Reiswein)
3 EL	Aceto balsamico
	Meersalz
	frisch gemahlener schwarzer Pfeffer
3 EL	gerösteter schwarzer Sesam

Backofen auf 180°C vorheizen.
Ein Blech mit Backpapier auslegen.

Kartoffeln waschen und in Spalten schneiden.
Knoblauch abziehen und pressen.

Kartoffelspalten, Knoblauch, Öl, Sesamöl, süße Chilisauce, Mirin, Aceto balsamico, etwas Salz und Pfeffer mischen.

Die Kartoffelwedges auf dem Blech ausbreiten und mit Alufolie abdecken. Kartoffeln 50 Minuten im heißen Ofen backen.

Danach die Alufolie entfernen und weitere 15 Minuten backen, bis die Kartoffelwedges goldbraun sind. Kartoffeln mit dem gerösteten Sesam bestreuen und warm servieren.

—

HAYAS TIPP: Ich serviere die Kartoffelwedges gerne zu Fisch. Oder ich stelle sie als Snack in Butterpapiertüten auf den Tisch, wie man es von den Biergärten her kennt. Anstelle von Ketchup gibt es bei mir als Dip eine Schüssel mit Sweet-Chili-Chutney aus dem Asia-Shop, in die ich etwas Sojasauce rühre. Das sind dann eben „Pommes mit Ketchup" auf Haya-Art!

Infos:

Wichtig bei der Kartoffelzubereitung ist, dass man immer Fett (Öl oder Butter) zugibt, damit sie nicht austrocknen. Salz verwende ich nicht nur wegen des Geschmacks, sondern auch, weil es die überschüssige Flüssigkeit aufsaugt.

Schälen: ja oder nein?

Die Schale schützt die Kartoffel, und gerade bei Frühkartoffeln ist sie so dünn, dass man sie ohne Weiteres mitessen kann. Letztendlich ist es Geschmackssache. Falls Sie die Schale dran lassen wollen, sollten Sie die Kartoffeln mit der Gemüsebürste unter fließendem Wasser gründlich abbürsten.

Zudecken oder nicht?

Für gewöhnlich deckt man bei der Zubereitung im Ofen die Kartoffeln mit Alufolie ab. Gegen Ende sollte man die Folie wieder entfernen, damit sie knusprig werden.

Kartoffelwürfel Massala

S. 157

Für 4 Portionen

6	Kartoffeln
1 TL	Koriandersamen
1 TL	Kreuzkümmelsamen
je ½ TL	schwarze und helle Senfkörner
1	rote Chilischote
4	Knoblauchzehen
1 TL	Currypulver
1 TL	gemahlene Kurkuma
	Meersalz
	geschroteter Pfeffer
2 EL	Olivenöl

Backofen auf 180 °C vorheizen. Kartoffeln schälen, waschen und in Würfel schneiden. Ein Blech mit Backpapier auslegen.

In einer Pfanne Koriandersamen, Kreuzkümmelsamen und Senfkörner anrösten.

Chilischote waschen, längs halbieren und die Kerne entfernen. Chili fein würfeln. Knoblauch abziehen und grob hacken. Chili und Knoblauch, Currypulver, Kurkuma, etwas Salz, Pfeffer und das Öl zu den Gewürzen in die Pfanne geben. Die gewürfelten Kartoffeln zugeben und alles miteinander vermischen.

Kartoffeln auf dem Blech verteilen und im heißen Ofen 40 bis 50 Minuten backen, bis sie goldbraun sind. Die Kartoffeln warm servieren.

Weiche Polenta (Grundrezept salzig)

Für 4 Portionen

480 ml	Wasser, Gemüsebrühe oder Hühnerfond
480 ml	Milch
	Meersalz
170 g	Polenta
30 g	Butter
4–5 EL	geriebener Parmesan
	frisch gemahlener schwarzer Pfeffer

Wasser, Milch und 1 Teelöffel Salz in einen Topf geben und zum Kochen bringen. Die Temperatur reduzieren und die Polenta hineinrieseln lassen. Währenddessen mit einem Holzlöffel rühren. Es ist wichtig, dass sich keine Klümpchen bilden und die Polenta nicht am Topfboden ansetzt.

Polenta 5 bis 10 Minuten auf mittlerer Temperatur kochen. Sie ist fertig, wenn sie weich ist und kleine Bläschen aufsteigen. Butter und Parmesan unterrühren und mit Salz und Pfeffer abschmecken.

Info:
Wie auch ein Kartoffelpüree lässt sich weiche Polenta als Beilage für viele Gerichte verwenden. Man kann sie bei Raumtemperatur oder im Kühlschrank fest werden lassen und dann entweder in Würfel oder Stangen schneiden, in Öl anbraten oder im Ofen grillen. Beim Polentakochen braucht man Geduld. Außerdem muss man sich mit dem Topf anfreunden, in dem sie köchelt – denn man sollte ihn nicht verlassen, bis die Polenta fertig ist. Übrigens: Ähnlich wie beim Risotto gelingt die beste Polenta in einem schweren Topf. Und: Wichtig ist, dass man eine feinkörnige Polenta verwendet, denn diese ist rascher zuzubereiten.

Polentaecken mit Kreuzkümmel und Chili

S. 160

Für 4 Portionen (oder als Snack für 8 Portionen)

1 Portion	Polenta (Grundrezept, siehe Seite 168)
2 EL	Öl
2 TL	Kreuzkümmelsamen
1 TL	rote Chili, klein geschnitten
1 EL	Rosmarinnadeln, gehackt

Die Polenta nach Grundrezept zubereiten.

In einer Pfanne das Öl erhitzen. Kreuzkümmelsamen und Chili darin ca. 1 Minute anbraten.

Das Öl durch ein feines Sieb gießen und aufbewahren.

Kreuzkümmel, Chili und Rosmarin zur Polenta geben und unterrühren. Eine Backform einölen und die Polenta in einer Größe von 20 x 30 Zentimetern aufstreichen. Im Kühlschrank 1 Stunde kühlen. Backofen auf 200 °C vorheizen.

Die abgekühlte Polenta in Dreiecke schneiden. Ein Blech mit Backpapier auslegen. Die Polentaecken mit Öl bepinseln und im Ofen 20 Minuten backen. Nach ca. 10 Minuten einmal wenden.

HAYAS TIPP: Die Polentaecken schmecken gut mit Tomatensalsa (siehe Rezept Seite 124) oder mit Joghurtsauce. Man kann sie auch sehr gut in der Pfanne anbraten – wichtig ist, dass sie knusprig sind.

Polentamuffins mit getrockneten Tomaten, Oliven und Pesto

S. 161

Für 18 Muffins

150 g	Butter
3	Eier
250 g	Sauerrahm (1 Becher)
140 g	Mehl
110 g	Maismehl
1¼ TL	Backpulver
	Meersalz
200 g	getrocknete Tomaten
250 g	Kalamata-Oliven
1	Knoblauchzehe
3 EL	Pesto
160 g	Ricotta
100 g	Parmesan, gerieben (oder Kaschkawal, gerieben)
	Butter für die Form

Backofen auf 170 °C vorheizen.

Butter schmelzen. Mit dem Handrührgerät die Butter, die Eier und den Sauerrahm verrühren.

In einer anderen Schüssel Mehl, Maismehl, Backpulver und Salz mischen. Zu der Butter-Eier-Masse hinzufügen und verrühren, bis eine homogene Masse entsteht.

Getrocknete Tomaten hacken. Oliven mit dem Messerrücken andrücken, entkernen und hacken. Knoblauch abziehen und pressen. Tomaten, Oliven, Pesto, Ricotta, Parmesan und Knoblauch unter den Teig rühren.

Die Vertiefungen eines Muffinblechs ausbuttern. Den Teig in einen Spritzbeutel füllen und dreiviertelhoch in die Vertiefungen spritzen. Die Muffins 15 Minuten im Ofen backen und warm oder lauwarm servieren.

HAYAS TIPP: Die Muffins schmecken auch gut mit 1 Esslöffel Tapenade, und anstatt Oliven kann man 1 Esslöffel fein geschnittene Frühlingszwiebeln und Schnittlauch verwenden.

Geröstete Erdnüsse mit Fenchel und Chili

S. 162

Für 4 Portionen

80 g	Zucker
200 g	gesalzene Erdnüsse
1 TL	Fenchelsamen
1 TL	Chiliflocken

Zucker und 50 Milliliter Wasser in einer beschichteten Pfanne aufkochen und bei kleiner Flamme langsam karamellisieren.

Erdnüsse mit den Fenchelsamen und den Chiliflocken mischen.

Wenn der Karamell hellbraun ist, die Pfanne von der Flamme ziehen und die Erdnüsse unter permanentem Schwenken hinzufügen.

Erdnüsse auf einem Teller ausbreiten, kurz abkühlen lassen und in große Stücke brechen.

Geröstete Cashewkerne mit Curry und Knoblauch

S. 163 (oben)

Für 4 Portionen

80 g Zucker
200 g gesalzene Cashewkerne
1 TL Currypulver
1 TL Knoblauch, gehackt

Zucker und 50 Milliliter Wasser in einer beschichteten Pfanne aufkochen und bei kleiner Flamme langsam karamellisieren.

Cashewkerne mit dem Currypulver und dem Knoblauch mischen.

Wenn der Karamell hellbraun ist, die Pfanne von der Flamme ziehen und die Cashewkerne unter permanentem Schwenken hinzufügen.

Cashewkerne auf einem Teller ausbreiten, kurz abkühlen lassen und in große Stücke brechen.

Geröstete Haselnüsse mit Senfpulver und Thymian

S. 163 (Mitte)

Für 4 Portionen

80 g	Zucker
200 g	gesalzene Haselnüsse
1 TL	Senfpulver
1 TL	Thymian, fein gehackt

Zucker und 50 Milliliter Wasser in einer beschichteten Pfanne aufkochen und bei kleiner Flamme langsam karamellisieren.

Haselnüsse mit dem Senfpulver und dem Thymian mischen.

Wenn der Karamell hellbraun ist, die Pfanne von der Flamme ziehen und die Haselnüsse unter permanentem Schwenken hinzufügen.

Haselnüsse auf einem Teller ausbreiten, kurz abkühlen lassen und in große Stücke brechen.

Geröstete Walnüsse (oder Pistazien) mit Kreuzkümmel und Chili

S. 163 (unten)

Für 4 Portionen

80 g	Zucker
200 g	gesalzene Walnüsse (oder 150 g geröstete Pistazien)
1 TL	gemahlener Kreuzkümmel
1 TL	Chiliflocken

Zucker und 50 Milliliter Wasser in einer beschichteten Pfanne aufkochen und bei kleiner Flamme langsam karamellisieren.

Walnüsse (oder Pistazien) mit dem Kreuzkümmel und den Chiliflocken mischen.

Wenn der Karamell hellbraun ist, die Pfanne von der Flamme ziehen und die Walnüsse (oder Pistazien) unter permanentem Schwenken hinzufügen.

Walnüsse (oder Pistazien) auf einem Teller ausbreiten, kurz abkühlen lassen und in große Stücke brechen.

HAYAS TIPP: Ich liebe diesen kleinen salzigen Snack vor allem in der Pistazienvariante. Deshalb mache ich gleich mehr davon, da ich ihn auch für andere Desserts verwende, im Sommer streue ich die Nüsse z.B. besonders gern auf Vanilleeis (vor allem Kinder lieben diese Süßspeise!). Ich bewahre sie in einem Einweckglas bei Zimmertemperatur auf. Außerdem eignen sie sich – nett eingepackt – herrlich als Mitbringsel bei Einladungen.

Mein Balagan in Marokko:

Sieben Tage voller guter Eindrücke, schöner Erlebnisse und lieber Menschen.

Der Ort: Akrich

Meine Freundin Doris habe ich vor etwa sechs Jahren über gemeinsame Freunde in Marokko kennengelernt. Samy und ich waren gerade in Marrakesch auf Urlaub, als unsere Freunde uns damals aufforderten: „Kommt, wir zeigen euch einen ganz tollen Platz!" So kamen wir zum ersten Mal nach Akrich in das Haus von Doris, die früher als Innenarchitektin gearbeitet hatte. Wir erlebten einen biblischen Sonnenuntergang über dem Atlasgebirge. Das war so ein Moment, in dem wir uns dachten: Hier müssen wir unbedingt nochmals her. Samy und ich verbrachten zwei oder drei weitere Male mit unseren Jungs den Urlaub in Doris' Boutiquehotel. Und jetzt ist dieses Buch hier in Akrich entstanden. www.akrich.com

Doris Nufer

Im Souk:
ein 5-Sinne-Spektakel

Zu den Souks, also den orientalischen Märkten, habe ich eine ganz besondere Beziehung. In Tel Aviv bin ich in der Nähe des großen Souk aufgewachsen. Bei meinen Reisen mit Samy habe ich auch jeden Markt besucht. Für mich gehört das zum Kennenlernen eines Volkes. Denn man riecht dessen Kultur anhand der Gewürze, die es in seiner Küche einsetzt. Wer das einmal versteht, empfindet auch keine Abneigung gegen das Fremde. Was ich am Souk außerdem mag: Es gibt nichts Verpacktes, also keine Barrieren. Man spürt die direkte Haptik, und das ist schön. Und man hat ein Vis-à-Vis, mit dem man redet, man kann sich beraten lassen. Diese Kommunikation zwischen den Marktmenschen und den Käufern ist wichtig, man tauscht Rezepte, erzählt einander Neuigkeiten aus der Familie. Im Souk herrscht keine Einsamkeit.

Das Haus von Doris liegt bloß 15 Minuten vom Souk entfernt. So bin ich mit allen, die an der Entstehung dieses Buches beteiligt waren, zum Markt gefahren, und wir gingen gemeinsam einkaufen. War das ein Einkaufstütenschleppen und Gedränge! Ich wundere mich heute noch, wie wir alle im Auto Platz fanden. Sobald das Essen und wir gut verstaut waren, fuhren wir heim und begannen zu kochen. Die einzigen beiden Dinge, die ich aus Österreich mitgebracht hatte, waren Tahina und Dattelsirup. Denn beides ist in Marokko nicht erhältlich, was ich glücklicherweise im Vorfeld wusste...

Im Souk

Bernhard Balzer,
mein Küchenheld

In
der
Küche

Dinner

Wenn ich mit allen meinen Lieben am
Tisch sitze, bin ich glücklich! Deshalb
habe ich auch auf meiner Reise nach
Marokko Freunde und Familie um mich
versammelt. Typisch Haya, sagt mein
Mann Samy: Ich plane eine Reise und
schaffe es, dass eine ganze Schar mir
verbundener Menschen folgt.

Rezeptregister: